LOS SUEÑOS, ¿SUEÑOS SON?

Mensajes del alma y experiencias
del más allá

Los sueños, ¿sueños son? Mensajes del alma y experiencias del más allá
© Ana María Sanz Raga
© Esstudio Ediciones (Editfuss, S.L.)
c/Arroyo de Pozuelo, 109 • 28023 Madrid

Diseño editorial: Esstudio Ediciones
Primera edición: febrero, 2025
ISBN: 978-84-19781-54-3
Depósito Legal: M-3183-2025
Maquetación y preimpresión: Esstudio Ediciones
Imprime: Safekat, S.L.

El papel utilizado para la impresión de este libro no daña el medioambiente, por lo que está considerado como papel ecológico.

ANA MARÍA SANZ RAGA

• • • •

LOS SUEÑOS, ¿SUEÑOS SON?

Mensajes del alma y experiencias
del más allá

narrativa

esstudio
ediciones

*Dedicado a mis padres por su apoyo incondicional,
su confianza y su amor.*

*A mi hermano Arturo por su fe en mi capacidad,
en su recomendación en que debía de escribir este libro y
por ser el primero en leerlo.*

El alma del hombre es la sede de la verdad.

PLATÓN

La tristeza es como una nube que oscurece el cielo, pero eventualmente se disipa, dejando espacio para la luz.

SIGMUND FREUD

El comportamiento humano deriva de tres fuentes principales: el deseo, la emoción y el conocimiento.

SₘₐₗₗCₐₚₛ PLATÓN

No somos responsables de nuestros sueños.

SIGMUND FREUD

El hombre loco es un soñador despierto.

SIGMUND FREUD

MENSAJES DEL ALMA
Y VISIONES DEL MÁS ALLÀ

En un mundo donde los límites entre dimensiones se desdibujan, la escritora comienza a experimentar sueños vívidos y enigmáticos. En estos sueños, se encuentra con seres de otras realidades que le transmiten mensajes profundos y reveladores. A medida que explora estas experiencias oníricas, descubre que estos encuentros no son meras ilusiones, sino conexiones con dimensiones paralelas que buscan guiarla en su vida diaria.

A través de relatos de experiencias paranormales, los soñadores se embarcan en un viaje de autodescubrimiento, enfrentando sus miedos y anhelos mientras intentan descifrar el significado de los mensajes que reciben. Con cada sueño, se desvelan secretos del universo y se plantean preguntas sobre la existencia, la vida después de la muerte y el poder de la mente. ¿Son estos encuentros una forma de comunicación con el más allá, o simplemente proyecciones de su subconsciente? La línea entre la realidad y lo sobrenatural se vuelve cada vez más difusa, llevando a la protagonista a cuestionar todo lo que creía saber sobre el mundo y su lugar en él. ¿Qué le ha sucedido a usted, querido lector?

EL ABUELO

Era la noche de Todos los Santos, una velada en la que las sombras danzaban con un aire de misterio y los susurros del pasado parecían cobrar vida. La casa, envuelta en un silencio reverente, se iluminaba tenuemente con la luz de las velas que parpadeaban en el altar familiar, donde flores y recuerdos se entrelazaban en un homenaje a los que habían partido. Yo, con apenas cinco años, era una niña despierta y dicharachera, pero esa noche, el miedo se aferraba a mí como una sombra.

Desde mi rincón en la última habitación, el pasillo se extendía como un túnel oscuro, y el eco de mis risas se desvanecía en el aire pesado. Fue entonces cuando lo vi: un hombre altísimo, de complexión fuerte y piel morena, que avanzaba con una calma inquietante. Su figura se recortaba contra la penumbra, y aunque su andar era normal, había algo en su presencia que me helaba la sangre, tan solo tenía cinco años y no le había conocido.

Se sentó en mi cama con una suavidad que contrastaba con su imponente estatura. Su mirada, profunda y serena, me envolvió en un abrazo que, aunque cálido, me llenó de un terror inexplicable. En ese instante, el mundo se detuvo. Su voz resonó en mi mente como un eco lejano: «Pídele perdón a la mamá de mi parte». Las palabras flotaron en el aire, cargadas de un significado que aún no podía comprender del todo.

Y así, como si el tiempo se hubiera detenido, se levantó de la cama, su figura desvaneciéndose en la oscuridad del pasillo. La sensación de su abrazo aún persistía en mi piel, pero el miedo se apoderó de mí, y un grito se escapó de mis labios: «¡Mamá!». La palabra resonó en la casa, un llamado desesperado que buscaba refugio en la calidez de su presencia.

En esa noche mágica y aterradora, comprendí que el amor trasciende incluso la muerte, y que los lazos familiares, aunque frágiles, nunca se rompen del todo. Mientras las sombras danzaban a mi alrededor, su recuerdo se quedó grabado en mi corazón, un recordatorio de que, a veces, los espíritus vienen a visitarnos para guiarnos.

PAPÁ

Casi todas las semanas, en la penumbra de la noche, un sueño recurrente se apoderaba de mí. En él, mi padre se desvanecía, dejándonos atrás, especialmente a mi madre, quien se quedaba sola en un mar de desconsuelo. En mis visiones, él se marchaba con otra mujer, una morena de cabello largo y ondulado que caía como cascadas hasta su cintura. Su acento andaluz resonaba en el aire, como un eco de promesas que nunca se cumplirían.

Mis hermanos, en este mundo onírico, parecían aceptar la traición con una calma que me irritaba. Se reunían con él, compartiendo comidas y risas, como si la ausencia de nuestra madre no pesara en sus corazones. Pero ella, herida y disgustada, se negaba a hablar de él. Se había marchado una noche, sin una palabra de despedida, y nunca volvió. La noticia nos llegó a través de mis hermanos, como un golpe helado que me dejó sin aliento.

En esos sueños, mi rabia se desbordaba. Cuando lo veía, no podía contenerme: «¿Cómo has podido abandonar a mamá a su suerte? No encontrarás a ninguna mujer más buena que ella, que te quiera tanto». Las palabras salían de mi boca como dagas, buscando la verdad en su mirada ausente.

17

Al despertar, corría a contarle a mi madre lo que había soñado. Ella, con una tristeza que le llenaba los ojos, respondía con un susurro: «Ojalá pudiera volver a verlo, aunque sea en sueños». Así, el ciclo se repetía, un eco de dolor que resonaba en mi pecho.

Este sueño me acompañó durante años, como una sombra persistente, hasta que un día, cuando mi madre partió, se desvaneció. Mi padre, un enamorado de la vida, siempre había temido la muerte. Y ahora, desde donde estuviera, creo que sentía el peso de su ausencia, como si él también nos hubiera dejado, atrapado en un laberinto de decisiones que nunca entendí del todo.

ENFERMEDAD

Una noche, después de que mi padre cerrara sus ojos para siempre, el mundo se tornó en un laberinto de sombras y susurros. La oscuridad se adueñó de la habitación, y yo, atrapada en un rincón de mi mente, me dejé llevar por una extraña sensación. Era como si levitara, como si el peso de la realidad se desvaneciera, pero al abrir los ojos, me di cuenta de que mi cuerpo seguía allí, dos palmos más abajo, hundido en el colchón que parecía devorarme.

La noche se alargó, y con ella, la angustia. Poco a poco, fui enfermando. No podía escapar de la prisión que se había construido en mi interior. Los rostros de los psiquiatras y psicólogos se desdibujaban en mi memoria, sus palabras se convertían en ecos vacíos. «Todo es normal», decían, como si la normalidad pudiera curar el abismo que se había abierto en mi pecho.

El diagnóstico fue simple: «No quiere comer». Pero, ¿cómo explicarles que no era solo un rechazo a la comida? Era un rechazo a la vida misma, a la luz que se filtraba por las rendijas de la ventana, a los recuerdos que se aferraban a mí como sombras persistentes. La imagen de mi padre, con sus ojos cerrados, se repetía en mi mente, un recordatorio constante de que la realidad podía ser más aterradora que cualquier pesadilla.

Y así, en esa noche interminable, me sumergí en un silencio profundo, donde los susurros de mi propia mente se convirtieron en mis únicos compañeros. La lucha entre lo que era y lo que había sido, me perdí, atrapada en un misterio que parecía no tener fin. Sabía que no era mi momento, me esforcé para comer más pero fue imposible. Perdí en pocos meses diez kilos. Viendo que no me encontraban el origen, acepté que estaba apagándome.

Siempre me gustó que me leyeran las cartas del tarot y también consulté con médiums, videntes, curanderas, etc., de pura desesperación, tenía la certeza de que mi alma no quería irse pero mi cuerpo estaba como desconectado. No entendía qué ocurría.

Estando de baja en la empresa donde trabajaba, una tarde en casa, mi madre y yo, estaba sola en el salón, despierta. De repente me quedé inmóvil pensando que había llegado mi hora. Teníamos un mueble de madera de pino color miel con unos cristales transparentes, delgados y altos. Vi con mis ojos salir de mi cuerpo unas alas blancas que se posaron en la parte más elevada del mueble y se encendió una luz en uno de los cristales; aterrorizada, quería llamar a mi madre, pero no podía moverme. Era como si el tiempo se hubiera detenido y todo a mi alrededor se desvaneciera. La luz que emanaba del cristal era tan brillante y hermosa que me hipnotizó. En ese momento, se iluminó uno de los cristales del mueble, debajo de las alas y aparecieron dos hombres con un mono azul. El hombrecillo bajito, con su cabello rizado y su mirada intensa, parecía estar lleno de energía, como si cada palabra que pronunciara estuviera cargada de una urgencia desesperada. En cambio, el más alto, con su barriga prominente y su cabeza calva, proyectaba una calma que contrastaba con la agitación del otro.

«¡Tengo que llevármela conmigo!», parecía expresar el pequeño, gesticulando con sus manos diminutas. «¡No puede quedarse aquí!».

El calvo, con una voz profunda y resonante, respondía con firmeza: «No es el momento. Ella necesita tiempo. No puedes forzar su destino».

Mientras los dos discutían, yo me sentía atrapada en un limbo, como si mi vida estuviera en juego entre sus palabras. La incertidumbre me envolvía, y aunque no comprendía el idioma que hablaban, la emoción en sus voces era palpable. Era como si el destino de mi existencia pendiera de un hilo, y ellos eran los guardianes de esa decisión.

De repente, la luz del cristal que había iluminado la sala comenzó a parpadear, y un silencio sepulcral se apoderó del ambiente. Los hombrecillos, en medio de su acalorada discusión, se detuvieron. Sus miradas se encontraron, y en ese instante, comprendí que el tiempo se estaba agotando.

Con un último destello, la luz se apagó por completo. Los hombrecillos desaparecieron, dejando tras de sí un eco de sus voces y una sensación de vacío. Sentí cómo las alas volvían a fusionarse con mi ser, como si su esencia se entrelazara con la mía.

Y en ese momento, comprendí que mi vida había cambiado para siempre. La decisión había sido tomada, y aunque no sabía qué me depararía el futuro, una chispa de esperanza se encendió.

Finalmente, logré romper el hechizo y llamé a mi madre. Cuando ella entró al salón, la luz se desvaneció, pero la sensación de paz y claridad que había experimentado permaneció en mí. Le conté lo que había visto y, aunque al principio no lo entendía del todo, su mirada se llenó de comprensión. Me dijo que a veces, en los momentos más oscuros, se nos presentan señales que nos ayudan a encontrar nuestro camino.

Continué buscando ayuda, hasta que una noche, la incertidumbre me envolvía, y cada intento de encontrar respuestas se desvanecía en un mar de dudas. Había recorrido consultorios y hospitales, pero cada médico parecía tener una opinión diferente, y yo, cada vez más perdida, me sentía como un barco a la deriva.

Fue en medio de esa tormenta interna que, al cerrar los ojos, me encontré en un lugar de calma. En mi sueño, una luz suave iluminaba el espacio, y allí estaba Él: Jesús. Su rostro, sereno y radiante, me sonreía con una calidez que traspasaba cualquier palabra. Era tan guapo, con una belleza que parecía ir más allá de lo físico, y su mirada, llena de amor y comprensión, me envolvía en un abrazo invisible. Le veía hasta los hombros, y en ese instante, su presencia me llenó de una paz inexplicable.

Cuando desperté, el eco de su sonrisa aún resonaba en mi corazón. Sabía que había recibido un mensaje, uno que no necesitaba ser verbalizado. Era un susurro del alma que me decía que no era mi hora, que aún había tiempo para encontrar el camino. Con el corazón palpitante, corrí hacia mi madre, ansiosa por compartirle la revelación que había recibido en ese sueño tan vívido.

«Mamá», le dije, con la emoción desbordándose en mis palabras, «no era mi momento. Él me lo ha comunicado sin hablar». En su mirada, vi una mezcla de sorpresa y comprensión, como si ella también pudiera sentir la verdad que había emergido de mi experiencia. En ese instante, supe que, aunque el camino seguía siendo incierto, había una luz que me guiaba, y no estaba sola en esta travesía.

A partir de ese día, decidí explorar más sobre lo que había vivido. Comencé a leer sobre espiritualidad y sanación, y poco a poco, empecé a sentirme más en sintonía conmigo misma. Aprendí que no estaba sola en mi lucha y que había formas de sanar mi alma. Aunque el camino no fue fácil, cada paso me acercó más a la luz que había visto en aquel momento.

A veces, me preguntaba si había otros como yo, personas que sentían que no encajaban en este mundo. La idea de encontrar a alguien que pudiera entenderme me llenaba de esperanza, pero también de miedo.

¿Y si esa conexión nunca llegaba? Sin embargo, cada vez que miraba a los ojos de alguien, sentía esa chispa de reconocimiento, como si en el fondo supiera que había algo más allá de lo visible.

Decidí que, aunque no tuviera un guía o un maestro, podía seguir explorando mi propia verdad. Comencé a escribir mis pensamientos y experiencias, creando un espacio donde pudiera ser completamente honesta conmigo misma. A través de las palabras, empecé a desentrañar mis emociones y a darles forma. Era un proceso liberador, y poco a poco, me di cuenta de que, aunque no encajara en el mundo, eso no significaba que estuviera sola.

Con el tiempo, mis escritos se convirtieron en un refugio, un lugar donde podía explorar mis pensamientos sin miedo al juicio. Cada palabra que plasmaba en el papel era como un hilo que tejía un puente hacia mi interior. A veces, releía lo que había escrito y me sorprendía al ver cómo mis emociones se transformaban en historias, en metáforas que reflejaban mi lucha y mi deseo de conexión.

El ARCÁNGEL

El sueño me abrazó, llevándome a un lugar donde la realidad y la fantasía se entrelazaban. Al abrir los ojos, la penumbra de la habitación se desvaneció, y a mi lado derecho, una figura etérea se materializó. Era un ser de belleza indescriptible, con cabellos rubios y rizados que brillaban como hilos de oro bajo la tenue luz. Vestía una túnica de un azul cielo que parecía capturar la esencia misma del firmamento, y un largo collar dorado con un colgante que adornaba su pecho, reflejando destellos de luz en cada movimiento. Sus alas eran enormes, de espléndidas plumas blancas, se extendieron con gracia, tocando suavemente las paredes de la habitación, como si el aire mismo se detuviera para admirar su esplendor. Me miró con unos ojos que irradiaban una calidez infinita, y una sonrisa serena se dibujó en su rostro, como si conociera todos mis miedos y, a la vez, los disipara con su sola presencia. En un parpadeo, el ser desapareció, como un susurro que se disipa en el viento. Sin embargo, su esencia permaneció en el aire, envolviéndome en una inmensa y profunda paz. Era como si, en ese breve encuentro, me hubiera regalado un instante de eternidad, un recordatorio de que, a pesar de la oscuridad, siempre hay luz y esperanza. Y así, con el corazón más ligero, me dejé llevar por la calma que había dejado a su paso, sintiendo que, tal vez, el tiempo no era tan escaso después de todo.

EL PARQUE

Un día, mientras caminaba por un parque, noté a una mujer sentada en un banco, con un cuaderno en las manos. Su mirada perdida en las páginas me resultó familiar. Sin pensarlo, me acerqué y le pregunté qué estaba escribiendo. Para mi sorpresa, comenzó a compartir sus pensamientos, sus propias luchas con la desconexión y la búsqueda de su lugar en el mundo. Era como si, de repente, el universo hubiera conspirado para que nuestras almas se encontraran.

A medida que hablábamos, sentí que esa chispa de reconocimiento se encendía entre nosotras. Era un alivio saber que no estaba sola en mi experiencia. Nos reímos, lloramos y compartimos nuestras historias, creando un lazo que, aunque frágil, se sentía auténtico. Esa conexión me hizo darme cuenta de que, aunque el camino de la búsqueda personal puede ser solitario, también puede estar lleno de encuentros significativos.

Así, en lugar de buscar encajar, comencé a abrazar mi autenticidad y a valorar las conexiones que surgían de esa honestidad. La vida se volvió más rica y colorida, y aunque el camino seguía siendo incierto, cada paso estaba lleno de posibilidades. Aprendí que, a veces, la verdadera pertenencia no se encuentra en encajar en un molde, sino en ser fiel a uno mismo y en encontrar a aquellos que resuenan con nuestra esencia. Y así, con cada palabra escrita y cada conexión forjada, seguí descubriendo la belleza de ser quien realmente soy.

LLAMADAS

Cuando pasó bastante tiempo desde la partida de mi madre, comenzó a visitarme en sueños. Era como si, en ese mundo onírico, ella encontrara la manera más sencilla de conectarse conmigo. En mis visiones, la veía en una casa en algún rincón del Caribe, donde el calor era abrumante y la humedad se adhería a la piel como un abrazo pesado. La habitación era acogedora, decorada con colores vibrantes que reflejaban la alegría que siempre había emanado de ella.

En esos sueños, mi madre estaba tan clara y sonriente como siempre, su risa resonando en el aire como una melodía familiar. Cada día, me iba a trabajar o a ayudar en alguna tarea, y al regresar, la casa se llenaba de su presencia. Sin embargo, un día, al volver, la atmósfera cambió. La casa estaba en silencio, y mi madre no estaba allí. Su móvil había quedado olvidado sobre la mesa, y la angustia se apoderó de mí. No podía localizarla, y la sensación de desamparo me despertó de golpe, el corazón latiendo con fuerza.

Pasaron los días, y en una de esas noches en las que el insomnio se convierte en compañero, de repente recordé que hacía mucho tiempo que no la llamaba. La culpa me invadió como un torrente. ¿Cómo pude

29

haberla olvidado? La necesidad de escuchar su voz se volvió urgente. Inmediatamente, tomé el teléfono y marqué su número, pero la línea permaneció en silencio. Nadie respondió. La angustia se transformó en un eco vacío, y en ese instante, comprendí que, aunque en mis sueños ella viviera, en la realidad su ausencia era un abismo que nunca podría llenar. Se repitió muchas veces.

MÓVIL

Era un día cualquiera, el sol brillaba con fuerza y el aire fresco se colaba por las ventanas del coche mientras conducía por la carretera junto a mi amiga. La música sonaba suavemente de fondo, creando una atmósfera de complicidad y risas. De repente, el sonido del timbre de mi móvil rompió la armonía del momento. Miré la pantalla y, sin pensarlo, respondí.

—¿Hola? —dije, pero al otro lado solo había silencio. Un silencio denso, como si la persona que llamaba estuviera dudando en hablar. La incomodidad se instaló en el aire, y antes de que pudiera preguntar de nuevo, decidí colgar.

Sin embargo, algo me detuvo. Miré el número en la pantalla y, para mi sorpresa, era el mío. Un escalofrío recorrió mi espalda. ¿Cómo podía ser eso posible? En un instante, mi mente se llenó de confusión. En la actualidad, no sabría cómo llamarme a mí misma. Era un momento extraño, casi surrealista.

Recordé que, en mis sueños, mi madre solía llamarme por mi nombre, con esa voz cálida y familiar que siempre me reconfortaba. Pero ahora, en este mundo real, el eco de su ausencia resonaba con más fuerza. La sensación de que algo no estaba bien se intensificó.

Miré a mi amiga, que me observaba con curiosidad, y supe que debía compartirle lo que había sucedido.

—Acabo de recibir una llamada... de mí misma —dije, tratando de mantener la calma, aunque mi voz temblaba ligeramente. Ella frunció el ceño, confundida, y en ese momento, comprendí que había algo más profundo en juego. La conexión con mi madre, con mi pasado, parecía estar llamándome desde un lugar que no podía ver, pero que sentía muy cerca. Mi amiga comprobándolo y diciendo, no es posible, pero es cierto...

RESPUESTA

Allí estaba mi madre, con su sonrisa cálida y su mirada llena de amor. Era un encuentro que anhelaba, un momento que me llenaba de paz. Mientras hablábamos, le conté cuánto tiempo había pasado desde la última vez que vi a mi padre. La conversación fluyó con la naturalidad de los viejos tiempos, como si nunca nos hubiéramos separado. De repente, una figura apareció a mi derecha. Era él, mi padre, que se materializaba de la nada, como un fantasma que había estado esperando el momento adecuado para regresar.

—Hace un año te escribí esta carta, pero no te la envié —dijo su voz resonando en el aire como un eco lejano.

Antes de que pudiera reaccionar, desperté de golpe, el corazón latiendo con fuerza en mi pecho. La realidad me golpeó con su frialdad, y la calidez del sueño se desvaneció rápidamente. Aún aturdida, traté de procesar lo que había sucedido. Estaba esperando la resolución de un juicio que había estado consumiendo mis pensamientos y mi energía.

En mi mente, el mensaje de mi padre resonaba con claridad: «Te responderán en un año». Era como si, a través de ese sueño, él me estuviera dando una pista sobre lo que vendría. La incertidumbre me envolvía, pero había algo en su presencia que me daba esperanza. Si todo salía bien, si seguía aquí, tal vez podría volver a verlo. La idea de un reencuentro, aunque distante, me llenó de una mezcla de ansiedad y anhelo. Con el corazón aún acelerado, me senté en el sofá, mirando por la ventana mientras la luz del amanecer comenzaba a filtrarse a través de las cortinas.

DISCUSIÓN

En una oficina iluminada por la luz suave de la mañana, dos hombres se encontraban inmersos en una conversación. Uno de ellos, de piel clara, gesticulaba con fervor, sus palabras fluyendo como un río desbordado. El otro, de piel oscura, escuchaba en silencio, su mirada serena y contemplativa, como un lago en calma.

La discusión, aunque intensa, no parecía perturbar la paz del entorno. Sin embargo, al final, el hombre blanco, frustrado por la falta de respuesta, decidió marcharse. Se levantó, ajustándose los tirantes que sostenían sus pantalones arremangados, un gesto que denotaba tanto su carácter despreocupado como su deseo de liberarse de la tensión del momento. Mientras se alejaba, el hombre negro permaneció en su lugar, observando.

TSUNAMI

Unos meses antes de que la naturaleza desatara su furia en Indonesia, me encontré atrapada en un sueño inquietante. En él, el mar se convertía en un vasto manto de cadáveres, flotando en un silencio aterrador, mientras las aguas se teñían de un rojo profundo, como si el océano mismo llorara. En medio de esa escena dantesca, un autobús militar se acercaba, sus puertas se abrían y soldados armados descendían, marchando con determinación hacia la playa, como si fueran a enfrentar un destino inevitable.

El tiempo pasó, y un día, mientras me encontraba en la cocina, el sonido de la televisión rompió la calma del hogar. La voz del presentador, grave y solemne, anunciaba la tragedia del tsunami. Mi corazón se detuvo un instante cuando vi las imágenes que danzaban en la pantalla; eran tan similares a las que había visto en mi sueño… La incredulidad se apoderó de mí y, al girar hacia mi madre, vi su rostro reflejar la misma sorpresa y horror que sentía en mi interior. En ese momento, el velo entre el sueño y la realidad se desvaneció, dejándonos a ambos atrapados en un instante de asombro y desasosiego, conscientes de que a veces, los ecos del futuro pueden susurrar en nuestros sueños.

GIARA

Giara se encontraba atrapada en un laberinto de sombras y susurros. La angustia la envolvía como un manto pesado, mientras se ocultaba de los ojos inquisitivos de los nazis, cuyo desprecio, humillaciones e insultos hacían que su corazón latiera con fuerza y se volviera vulnerable.

En su mente, las palabras flotaban como fantasmas, crueles y distorsionadas, escritas en un papel que nunca había visto. Eran juicios que la despojaban de su esencia, relatos que la convertían en un eco de lo que no era. La desilusión la consumía, y en su interior, una tormenta de emociones se desataba, dejando un rastro de tristeza y frustración.

Giara sabía que, en ese rincón oscuro del mundo, su verdad se perdía entre las letras de quienes no la conocían. Y así, mientras se escondía, su alma anhelaba la libertad de ser vista, de ser comprendida, de escapar de las cadenas que la ataban a un destino que no había elegido. Pero el sueño se desvanecía, llevándose consigo los fragmentos de su angustia, dejándola sola en la bruma de la incertidumbre.

MARGA

Era un día soleado y el aire olía a sal y aventura. Marga, mi amiga, y su madre se acomodaron en el taxi, listas para disfrutar de un día en la playa. La madre, con una sonrisa en el rostro, se despidió de Marco, quien se quedó atrás, observando cómo el taxi se alejaba. Antes de que el motor del vehículo se apagara en la orilla, la madre le dio una generosa propina al taxista, como si supiera que ese gesto era parte de la magia del día.

El sol brillaba intensamente cuando finalmente llegamos a la playa. La arena dorada nos recibió con los brazos abiertos, pero algo en el aire se sentía diferente. Después de un rato de risas y juegos, regresé a la mesa donde habíamos dejado nuestras cosas. Fue entonces cuando un sonido familiar interrumpió el murmullo del mar: el timbre de un móvil provenía del bolso de la madre de Marga. Miré a mi alrededor, buscando a Marga, pero su madre no aparecía. La curiosidad me invadió, y con el corazón latiendo con fuerza, supe que algo inesperado estaba a punto de suceder.

TARTA

En una tarde soleada, decidí comprar una deliciosa tarta de manzana, su aroma dulce y especiado me había cautivado desde el primer instante. Con la caja cuidadosamente envuelta entre mis manos, corrí hacia casa, ansiosa por compartir mi hallazgo con mi madre. Al abrir la puerta, la vi en la cocina, y con una sonrisa radiante, le mostré la tarta, como si fuera un tesoro recién descubierto.

Sin embargo, la alegría pronto se tornó en un pequeño torbellino de palabras. Mis hermanos, siempre listos para discutir, comenzaron a cuestionar la elección de la tarta. «¿Por qué manzana?», preguntó uno, mientras el otro se unía a la conversación con un comentario sarcástico. La verdad, a veces, puede ser un arma de doble filo, y en ese momento, sentí que la sinceridad se convertía en un campo de batalla.

Fue entonces cuando uno de ellos, con su mirada burlona, lanzó la pregunta que me hizo sentir pequeña: «¿Te has lavado las manos?». Su tono, cargado de ironía, me humilló un poco, como si mi amor por la tarta dependiera de un simple gesto de higiene. En ese instante, la risa de mis hermanos resonó en la cocina, y aunque me sentí acorralada, no pude evitar sonreír ante la absurdidad de la situación. La tarta de manzana, que había traído tanta alegría, se convirtió en el centro de una discusión familiar, recordándome que, a veces, la verdad puede ser tan dulce como el postre que compartimos.

RESIDENCIA

En la penumbra de la residencia, donde la humedad se adhiere a las paredes como un recuerdo persistente, el frío se siente como un susurro helado que se cuela entre las rendijas. La señora de la habitación 111, con su voz temblorosa, me confiesa que las noches aquí son especialmente gélidas. «Si pudieras traerme unos calcetines», me dice, y en su mirada hay una mezcla de esperanza y vulnerabilidad.

Asiento con una sonrisa cálida, prometiéndole que le llevaré lo que necesita. Al poco tiempo, la encuentro acurrucada en su cama, envuelta en las mantas que parecen no ser suficientes para ahuyentar el frío. Sin pensarlo dos veces, me quito la americana que me abriga y la coloco suavemente sobre ella. La tela, impregnada de mi calor, se convierte en un refugio que la envuelve con un poco de calidez.

La señora cierra los ojos, y en su rostro se dibuja una expresión de gratitud y paz. En ese instante, el frío de la residencia se siente un poco más distante, y el acto de cuidar se convierte en un pequeño acto de amor que ilumina la noche.

PECHO

Un sueño inquietante se desliza entre mis pensamientos. Siento un dolor punzante en el pecho, como si cada latido llevara consigo el peso de una carga invisible. Al intentar liberarme de esa opresión, el sonido de la mucosidad se convierte en un eco en mi mente, un murmullo que se transforma en un espectáculo de colores. Primero, un verde profundo, como la esperanza marchita, y luego un azul intenso, que evoca la tristeza de un cielo nublado.

No comprendo el significado de esta extraña paleta, pero la sensación es tan vívida, tan palpable, que me despierto con la misma fragilidad que se siente al estar atrapado en una gripe. En ese instante, la línea entre el sueño y la realidad se difumina, dejándome con la inquietante certeza de que, a veces, los sueños pueden ser tan reales como la vida misma.

BAUTIZO

La casa vibraba con la emoción del bautizo. Las risas de las mujeres llenaban el aire, mientras los niños correteaban por el jardín, ajenos a la solemnidad del momento. Mi amiga y su cuñada se preparaban para recibir al pequeño, pero yo, con mi hijo en brazos, sentía una inquietud que no podía ignorar.

La mochila, mi fiel compañera, reposaba en el sofá cerca de la entrada. Un presentimiento me decía que no debía dejarla desatendida. Con un gesto rápido, la tomé y la llevé a la habitación donde todas nos reuníamos, como si el simple acto de moverla pudiera alejar la sombra de un posible robo.

De repente, un murmullo inquietante rompió la alegría del ambiente. Voces desconocidas se filtraron por las ranuras de la puerta, y el corazón me dio un vuelco. «Están aquí», susurré, mientras cerrábamos la puerta con un clic que resonó como un eco de advertencia. La tensión se palpaba en el aire; éramos solo mujeres y niños, y la amenaza se sentía real.

Decidimos que lo mejor era escapar. Con los pequeños en brazos, nos dirigimos al coche, pero la cuñada de la casa, la tía del bebé, parecía atrapada en una conversación interminable por teléfono. La paciencia se desvanecía, y el motor del auto rugía con impaciencia. Finalmente, la joven, con determinación, encendió el motor y nos preparamos para huir.

En ese instante, la tía del niño se dio cuenta de nuestra partida. Con una mezcla de sorpresa y urgencia, corrió hacia nosotros, pero ya era demasiado tarde. El auto se puso en marcha, y con un suspiro de alivio, nos alejamos de la casa, dejando atrás la incertidumbre y el miedo. La vida continuaba, y aunque el bautizo había sido interrumpido por la sombra de lo inesperado, el amor y la amistad seguían siendo nuestro refugio.

LA BODA

Una semana antes de aquel día que debería haber sido el más feliz de mi vida, me vi caminando hacia el altar. Las flores adornaban el pasillo, y la imagen de la Virgen de los Desamparados parecía observarme con una mezcla de compasión y advertencia. Pero al mirar a mi novio, un escalofrío recorrió mi cuerpo: su rostro había desaparecido, como si el destino mismo hubiera decidido ocultarlo de mi vista.

Ese presagio se convirtió en una realidad inquietante. La boda, que prometía ser un cuento de hadas, se desvaneció en un mes, dejando tras de sí un eco de angustia que duró cuatro años. Mi madre, con su sabiduría intuitiva, había intentado advertirme. Una semana antes de la ceremonia, me miró a los ojos y, con una voz cargada de preocupación, me dijo que no me veía ilusionada ni enamorada. «No importa que las invitaciones ya estén enviadas y los regalos aceptados», me dijo, «cancela todo, porque antes es tu felicidad».

Me casé con un hombre muy violento, dominante y sin honor, increíblemente su carácter cambió el mismo día del enlace.

Y, oh, cómo acertaron, mi madre y el sueño.

En el silencio de la noche, aún puedo sentir el peso de la violencia y humillación en cada una de las escenas vividas. La vida tiene formas extrañas de guiarnos, y a veces, los sueños y las advertencias se entrelazan en un misterio que solo el tiempo puede desvelar.

CHOCOLATE

En la penumbra de la noche, dos jóvenes se acercan, sus risas resonando como ecos lejanos. Uno de ellos, con una mirada traviesa, se lleva a la boca un trozo de mi chocolate, un dulce que guarda secretos de tiempos pasados. Pero en el fondo de mi mente, una sombra se cierne: la figura de mi padre, que ya no está, aparece en mis sueños. Su cabeza, completamente negra, brilla con un resplandor inquietante, como si guardara un misterio que aún no he descifrado. ¿Qué significan estas visiones? ¿Qué conexión hay entre el chocolate y la presencia de mi padre? La noche se vuelve más profunda, y las respuestas parecen danzar en la bruma de mis pensamientos.

HOMENAJE

En el aire flota una atmósfera de celebración, luces titilantes y risas que resuenan como ecos lejanos. Sin embargo, en medio de la algarabía, sientes una extraña sensación de falsedad. Todo parece un elaborado juego, una danza de máscaras que ocultan intenciones. Los rostros sonrientes, las palabras de aliento, todo se siente como un espejismo, un reflejo distorsionado de lo que realmente es. Te preguntas: ¿es esta fiesta un homenaje genuino o simplemente un teatro donde tú eres el protagonista involuntario? La música suena, pero en tu corazón hay un silencio inquietante, como si la verdad estuviera escondida detrás de un velo que nadie se atreve a levantar. ¿Qué secretos se ocultan en esta celebración que, aunque brilla, no logra calar en tu ser? Y solo existió en el mundo onírico.

APARTAMENTO

En un apartamento que parece estar envuelto en sombras, la atmósfera es densa y cargada de secretos. Estoy aquí con mi madre, dos chicas y tres chicos, pero hay algo en ellos que no me inspira confianza. Sus miradas son furtivas, como si compartieran un conocimiento oculto que no están dispuestos a revelar.

Al final, solo queda una chica a la que me atrevo a preguntar. Su respuesta es clara, pero también inquietante: «No se puede reservar, está lleno». En ese momento, una sensación de que algo oscuro me envuelve, como si mis acompañantes estuvieran vigilando cada movimiento, cada palabra. ¿Qué es lo que realmente está sucediendo aquí? ¿Qué es lo que intentan ocultar? La incertidumbre flota en el aire, y sé que hay más de lo que parece.

ALMAS GEMELAS

Sus ojos brillan con una intensidad que parece desafiar al tiempo. El rostro afeitado y atractivo del hombre se ilumina con una mezcla de curiosidad y anhelo. Con un susurro que apenas rompe el silencio, me pregunta: «¿Me quieres de verdad?».

El aire se carga de una tensión palpable, y en ese instante, el mundo a nuestro alrededor se desvanece. Con un suave gesto, le doy un cariñoso beso en la mejilla, un gesto que encierra todo lo que siento. Nuestros ojos se encuentran, y en ese cruce de miradas, una chispa de entendimiento profundo surge entre nosotros.

Es como si el universo conspirara a nuestro favor, revelando un secreto antiguo: somos almas gemelas, entrelazadas por un destino que apenas comenzamos a desvelar. En ese momento, el misterio de nuestra conexión se despliega, y ambos sabemos que este es solo el principio de una historia que está destinada a ser contada.

PERLAS

El hombre más joven parece estar preocupado por la dificultad de encontrar esos «caballitos de mar con perlas», lo que podría reflejar una sensación de urgencia o la necesidad de actuar antes de que sea demasiado tarde. La respuesta final del hombre que se lleva las bicicletas podría simbolizar una decisión importante que se ha tomado, quizás la aceptación de un cambio o la resolución de un problema.

Los gusanitos de perlas podrían representar algo valioso o delicado que está en el aire, quizás una idea o un deseo que flota en tu mente. Las bicicletas, por otro lado, podrían simbolizar el viaje o el camino que estás tomando en la vida, y el hecho de que necesiten ser arregladas sugiere que hay aspectos de tu vida que podrían necesitar atención o cuidado.

En general, este sueño parece estar lleno de simbolismo sobre la búsqueda de algo valioso y la importancia de cuidar lo que tenemos.

HOSPITAL

En las sombras de los pasillos del hospital, donde el eco de los pasos resuena con un aire de inquietud, se desata un misterio que envuelve a todos. Un hombre ha caído, y no por la enfermedad, sino por la mano oscura de un crimen. La noticia se esparce como un susurro entre los pacientes y el personal, creando un ambiente tenso y cargado de preguntas sin respuesta.

Tú, el investigador en esta intriga, te adentras en un laberinto de secretos. Cada habitación guarda un susurro, cada mirada oculta una historia. ¿Quién podría haber deseado la muerte de aquel hombre? ¿Qué verdades se esconden tras las sonrisas de los que lo conocían? Con cada pista que descubres, el misterio se profundiza, y la línea entre el bien y el mal se difumina.

Mientras recorres los pasillos iluminados por luces parpadeantes, sientes que el tiempo se detiene. La verdad está al alcance de tu mano, pero también lo está el peligro. ¿Lograrás desentrañar el enigma antes de que sea demasiado tarde? La respuesta está en el aire, esperando a ser revelada.

EL BAR

En una casa que no conoces, el aire está impregnado de un misterio sutil. Dos jóvenes de piel oscura, provenientes de las tierras subsaharianas, te esperan. Su mirada es profunda, como si guardaran secretos que solo el tiempo podría revelar. Te acercas al bar, un lugar donde las risas y las conversaciones se entrelazan, y allí, entre la multitud, los reconoces. Son ellos, los mismos que has visto en la casa.

Con un gesto amable, decides llevarles alimentos, un gesto de bondad en un mundo a menudo indiferente. Las bolsas que llevas en tus manos son más que simples provisiones; son un puente entre dos mundos, un símbolo de conexión. Al llegar a su hogar, sientes una mezcla de emoción y curiosidad. Dejas las bolsas en la puerta, y en ese instante, el misterio se intensifica. ¿Qué historias guardan esos jóvenes? ¿Qué sueños y anhelos se esconden tras sus sonrisas?

Te alejas, dejando atrás no solo la comida, sino también un eco de preguntas sin respuesta, un susurro de posibilidades que flotan en el aire.

EL ROBO EN LA CIUDAD

Cuando las sombras parecían cobrar vida, un grito desgarrador rompió la calma. Un robo había estallado en el corazón de la ciudad, y el miedo se apoderó de mí como un manto pesado. Justo cuando la desesperación comenzaba a consumir mis pensamientos, apareció él: un hombre de canas, con una mirada serena y decidida que contrastaba con el caos que me rodeaba.

Sin dudarlo, extendió su mano hacia mí, como si supiera que, en ese instante, yo era una hoja a merced del viento. Con un gesto firme y amable, me llevó a un lugar seguro, alejándome de la tormenta que había estallado a mis espaldas. Su presencia era un faro en la oscuridad, y su voz, un susurro de calma en medio del estruendo.

«Todo estará bien», me dijo, y en sus ojos vi la promesa de protección. Con cada paso que dábamos, el miedo se desvanecía, y la esperanza comenzaba a florecer. Gracias a él, no solo escapé del peligro, sino que también descubrí que, incluso en los momentos más oscuros, hay quienes están dispuestos a ser nuestros salvadores.

LOS NIÑOS

En un jardín que era un refugio de calma, una señora y yo nos sumergíamos en el arte de leer cartas, buscando respuestas en los pliegues del destino.

De repente, un grito desgarrador rompió la serenidad del momento. Una niña apareció, sus ojos desbordando lágrimas y su pequeño brazo derecho manchado de sangre. La escena se tornó sombría, y en un rincón, dos hombres se erguían como sombras inquietantes: uno, calvo y de complexión robusta, y el otro, bajito con peluca, con una figura ancha que parecía absorber la luz a su alrededor.

Junto a ellos, un niño y yo compartíamos la confusión y el miedo que se cernía en el aire. La realidad se desvanecía, y en un parpadeo, me encontré de nuevo atrapada en el laberinto de ese sueño inquietante. La urgencia me invadió, y con el corazón latiendo con fuerza, llamé a la policía, deseando que la ayuda llegara antes de que la oscuridad se apoderara por completo de aquel jardín que una vez fue un refugio.

EL BESO

Me encontré con un hombre de barba, de rostro redondo y atractivo. Su presencia era como un faro en la penumbra, iluminando el espacio que nos rodeaba con una calidez que contrastaba con el frío del entorno. Sus ojos, profundos y enigmáticos, parecían contener secretos de un universo paralelo, y cuando se posaron sobre mí, sentí que el tiempo se detenía. En un instante, me ofreció un beso cargado de amor, un gesto que prometía un refugio en su abrazo. Me acerqué, el corazón latiendo con fuerza, pero al intentar corresponder, una inquietante revelación me golpeó como un rayo. Al mirarme en sus ojos, no había rostro que reflejar. Era como si mi esencia estuviera allí, vibrante y viva, pero mi imagen se desvanecía en el aire, como un susurro que se escapa entre los dedos. La confusión me envolvió. ¿Era posible que, en este rincón del mundo, donde las sombras danzaban con la luz, hubiera perdido mi forma? La sensación de ser un espectro, un eco de lo que alguna vez fui, me llenó de desasosiego. Sin embargo, en el fondo de mi ser, sabía que era yo, atrapado en un juego de identidades y misterios. La pregunta se alzó en mi mente como un mantra: ¿Quién soy realmente en este laberinto de percepciones? El hombre de barba, ajeno a mi tormento interno, sonrió con una dulzura que parecía desafiar la lógica de mi existencia. Su mirada, aunque cargada de amor, también contenía una chispa de comprensión, como si supiera que yo era más que un simple reflejo. En ese instante, comprendí que tal vez no se trataba de encontrar una respuesta definitiva, sino de abrazar la incertidumbre y permitir que las sombras y la luz se entrelazaran en mi ser. Así, en ese rincón del mundo, donde las identidades se desdibujan y los besos se convierten en promesas, decidí dejarme llevar. Quizás no necesitaba un rostro para ser, sino la valentía de explorar las múltiples facetas de mi esencia. Y mientras el hombre de barba se acercaba nuevamente y me besó.

FIESTA

Era la fiesta del año, y 630 personas se habían reunido para celebrar. Sin embargo, lo que nadie sabía era que este evento era solo la mitad de lo que realmente ocurría en el resto del pueblo.

Mientras los invitados bailaban y disfrutaban de la música, un grupo de curiosos se preguntaba: «¿Por qué hay tantas personas aquí? ¿Dónde están los demás?». La respuesta era desconcertante. En el pueblo, había una fiesta paralela, pero solo 315 personas habían decidido asistir.

A medida que la noche avanzaba, un misterioso personaje enmascarado apareció en la fiesta del campo. Con una voz suave, comenzó a contar historias sobre la antigua rivalidad entre las dos fiestas. «Una vez, el pueblo se dividió en dos, y cada año, el número de asistentes a cada fiesta se duplicaba o se reducía a la mitad, dependiendo de quién ganara el juego de la noche».

Los asistentes, intrigados, comenzaron a murmurar. ¿Qué juego? ¿Por qué había una rivalidad? El enmascarado sonrió y dijo: «Esta noche, el destino de ambas fiestas está en juego. Solo uno de los dos grupos podrá llevarse el título de la mejor fiesta del año».

Así, la noche se convirtió en un enigma, donde los 630 asistentes debían resolver acertijos y superar desafíos para descubrir la verdad detrás de la rivalidad y, tal vez, unir a las dos fiestas en una sola celebración.

LA BICICLETA

Era una mañana fresca y soleada cuando decidiste que hoy sería un día diferente. En lugar de tomar el autobús como siempre, optaste por montar tu bicicleta hacia el despacho de abogados. Mientras pedaleabas, una extraña sensación de anticipación te envolvía.

A medida que avanzabas, el camino se tornaba más oscuro y las sombras de los árboles parecían alargarse, como si quisieran advertirte de algo. De repente, un destello de luz captó tu atención: un antiguo edificio de ladrillos rojos, que nunca habías visto antes, se alzaba ante ti.

Intrigada, decidiste detenerte. Al acercarte, la puerta se abrió lentamente, revelando un vestíbulo lleno de documentos esparcidos y un aire de misterio. En el fondo, un grupo de abogados discutía acaloradamente sobre un caso que parecía tener más secretos de los que podían manejar.

Te invitaron a unirte a ellos, pero había algo extraño en sus miradas. ¿Por qué te habían elegido a ti? ¿Qué papel jugarías en este enigma legal? Mientras te sumergías en la conversación, te diste cuenta de que cada documento contenía pistas sobre un antiguo caso que había permanecido sin resolver durante años.

La bicicleta, que habías dejado fuera, parecía ser la clave para desentrañar el misterio. ¿Podrías descubrir la verdad antes de que el tiempo se agote?

Así, tu día de trabajo se convirtió en una aventura inesperada, donde cada pedaleo te acercaba más a la resolución de un enigma que había estado oculto en las sombras.

BASURA

Estando de viaje, vi mi cocina llena de bolsas de basura y era una joven la que no las tiraba.

Imagina que, al despertar, decides investigar más a fondo. Llamas a tus amigas y, al escuchar sus relatos, te das cuenta de que no solo es un sueño, sino que hay una realidad que no habías visto venir. La joven no solo no tiraba la basura, sino que además estropeó la caldera, la joven de las bolsas ponía a cincuenta grados la temperatura del agua de la ducha. Las otras jóvenes podrían haberse quemado.

Quizás la basura representa no solo la falta de limpieza física, sino también la acumulación de problemas no resueltos en la convivencia. ¿Qué pasaría si decides hablar con la chica ucraniana y expresar tus preocupaciones? Tal vez, al hacerlo, podrías desentrañar el misterio de por qué no se encarga de las tareas del hogar y encontrar una solución que beneficie a todos.

A veces, los sueños son una forma de nuestro subconsciente de comunicarnos lo que necesitamos enfrentar.

Los sueños pueden ser una ventana a nuestros pensamientos y emociones. Soñar con una cocina llena de bolsas de basura podría simbolizar una sensación de desorden o acumulación de problemas en tu vida. La cocina, siendo un lugar donde se prepara la comida y se comparte, puede representar tu bienestar y tu entorno familiar.

El hecho de que la caldera se haya estropeado podría indicar que hay algo en tu vida que necesita atención o reparación, y la persona que no limpia ni tira la basura podría representar a alguien o algo que está contribuyendo a esa sensación de caos. A veces, nuestros sueños reflejan preocupaciones o desorden en nuestra vida diaria.

MARCO

En un exuberante paisaje, donde la hierba se extendía como un manto esmeralda, me encontraba rodeada de una familia que compartía su hogar con un peculiar perro. Su pelaje, de un azul profundo, parecía reflejar las olas del océano, y su energía vibrante llenaba el aire de una alegría contagiosa. Sin embargo, a pesar de la belleza que nos rodeaba, había un silencio extraño, como si un secreto flotara entre nosotros, invisible pero palpable.

Nadie se atrevía a romper la calma, y las miradas se cruzaban con una mezcla de curiosidad y temor. Mi hermano pequeño, con su inocencia desbordante, jugaba despreocupado, ajeno a la tensión que se cernía sobre nosotros. Sus risas resonaban en el aire, pero incluso su alegría parecía no poder disipar la sensación de que algo raro estaba ocurriendo.

Era como si estuviéramos atrapados en un sueño del que no podíamos despertar, un laberinto de emociones y pensamientos confusos. A veces, los sueños son así, llenos de imágenes y sensaciones que no logramos comprender del todo. Y en ese momento, mientras el perro corría libremente entre los árboles, me pregunté si tal vez, solo tal vez, había algo más en juego, algo que aún no estábamos listos para descubrir.

EL DETECTIVE

Me encontraba junto a un investigador privado, un hombre de mirada astuta y sonrisa enigmática. La atmósfera estaba cargada de misterio, y aunque compartíamos un objetivo común, mi instinto me susurraba que debía mantenerme alerta.

Cada movimiento suyo era objeto de mi atención; sus gestos, sus palabras, todo era analizado con la precisión de un relojero. No podía permitirme el lujo de bajar la guardia. La confianza, en este mundo de secretos y engaños, era un lujo que no podía permitirme.

Mientras él se sumergía en las pistas del caso, yo lo vigilaba de cerca, como un halcón que acecha a su presa. Su habilidad para desentrañar lo oculto era innegable, pero en el fondo de mi ser, una pequeña voz me advertía que no todo era lo que parecía. Así, en un delicado equilibrio entre la colaboración y la desconfianza, continuábamos nuestro camino, cada uno con sus propios secretos, en un juego donde la verdad era el premio más codiciado.

EL ALIENTO

En la nebulosa frontera entre el sueño y la vigilia, me encontré con un amigo de antaño, su rostro iluminado por una luz suave y difusa. Sin embargo, su expresión era seria, casi preocupada. «Te huele el aliento», me dijo, y esas palabras resonaron en mi mente como un eco inquietante.

Desperté en un mar de confusión, la sensación de incomodidad anidando en mi pecho. Decidí que debía aclarar el asunto. Con la determinación de un detective en busca de la verdad, empecé a preguntar a quienes me rodeaban. «¿Te huele el aliento?» (me huele), inquirí a cada uno, pero sus respuestas fueron unánimes: «No, para nada». La incredulidad se apoderó de mí, y la duda se convirtió en un monstruo que crecía en mi interior.

Sin embargo, la inquietud no me abandonaba. Con un gesto casi automático, llevé mi mano a la boca y exhalé con cautela, pero el aire que exhalé no traía consigo ningún rastro de lo que temía. No había olor, ni rastro de la acusación de mi amigo.

Aun así, la semilla de la duda había germinado, y me pregunté si el verdadero problema no era el aliento, sino la fragilidad de la percepción, la forma en que las palabras pueden dejar cicatrices invisibles en nuestra mente.

Así, en el laberinto de mis pensamientos, me encontré atrapada entre la realidad y la ilusión, cuestionando no solo el aliento, sino también la naturaleza de la verdad misma. ¿Era posible que, en el fondo, el verdadero mal aliento fuera el que se esconde en las inseguridades que llevamos dentro?

AMIGO LEAL

En la noche, cuando el mundo se sumerge en un silencio casi palpable, mis sueños me llevan a un rincón donde la lógica y el misterio se entrelazan. Allí, un detective maduro se convierte en mi compañero de aventuras. Su mirada, profunda y sabia, refleja años de experiencia en la resolución de enigmas que otros habrían dejado de lado. Es un hombre honesto, con un sentido de la justicia que resuena en cada palabra que pronuncia. Juntos, recorremos calles empedradas y oscuros callejones, desentrañando secretos ocultos tras las sombras. Su risa, aunque rara, es un bálsamo en medio de la tensión, y su intuición es tan aguda que a menudo parece anticipar mis pensamientos.

En este mundo de intrigas y giros inesperados, la conexión entre nosotros es palpable. Trabajamos en perfecta armonía, como dos piezas de un rompecabezas que encajan a la perfección. Cada caso que abordamos se convierte en una danza de deducción y descubrimiento, donde la honestidad de su carácter brilla como una luz en la oscuridad.

Así, en cada sueño, me despierto con la sensación de que, aunque sea solo una ilusión, he encontrado en él no solo un colega, sino un amigo leal en la búsqueda de la verdad.

EL SILENCIO

En una oficina iluminada por la luz suave de la mañana, dos hombres compartían un espacio de trabajo. Uno de ellos, de piel clara, se movía con una energía inquieta, gesticulando mientras discutía con fervor. Su voz resonaba en el aire, llena de convicción, mientras sus pantalones arremangados y tirantes le daban un aire despreocupado, casi como si estuviera listo para una aventura en el campo.

El otro hombre, de piel oscura, escuchaba en silencio. Su mirada era serena, como un lago en calma, mientras el torrente de palabras del primero fluía a su alrededor. No había prisa en su respuesta; en su silencio, había una sabiduría profunda, una comprensión que iba más allá de la discusión.

Finalmente, el hombre blanco, sintiendo que su argumento no encontraba eco, decidió marcharse. Con un ligero suspiro, se despidió y salió de la oficina, dejando atrás el bullicio de la conversación. El hombre negro, aún en su lugar, se quedó mirando por la ventana, observando cómo el otro se alejaba hacia el vasto campo, donde la tierra y el cielo se encontraban en un abrazo eterno.

En ese instante, la oficina se llenó de un silencio reflexivo, un espacio donde las palabras no dichas flotaban en el aire, recordando que, a veces, el verdadero entendimiento se encuentra en la calma y la colaboración, más que en el ruido de la discordia.

LOS MOHEDANO

En un pueblo de interior, nos adentramos por un camino que parecía sacado de un cuento. A nuestro alrededor, los árboles se alzaban majestuosos, sus hojas susurrando secretos al viento. Era un día radiante, y la luz del sol se filtraba entre las ramas, creando un juego de sombras danzantes sobre el sendero.

Los Mohedano, con su calidez y alegría, nos acompañaban en esta travesía. A mi lado, un hombre de mirada profunda y voz serena, que se dedicaba a leer las cartas del Tarot, compartía su sabiduría. Mientras caminábamos, nuestras conversaciones fluían como el río cercano, entrelazando historias y sueños, mientras el aroma de la naturaleza nos envolvía en un abrazo reconfortante. En ese instante, el tiempo parecía detenerse, y el mundo exterior se desvanecía, dejando solo la magia de aquel camino y la conexión entre nosotros.

PEPE

Entrando en una fábrica, mi mirada se posó en mi hermano Pepe. Su piel morena brillaba con un resplandor especial, y su porte elegante lo hacía lucir aún más atractivo. Allí estaba, sumido en su labor, conversando animadamente con una compañera de trabajo, su risa resonando como una melodía alegre en el aire.

No pude evitar sonreír al verlo, y con un ligero impulso de cariño, me acerqué a él. Al llegar a su lado, lo saludé con un gesto familiar, y al tomar su brazo, sentí la conexión que solo los hermanos comparten. Con una chispa de admiración en mis ojos, le dije: «¡Qué guapo estás!». Las palabras salieron de mi boca como un cumplido sincero, llenas de cariño y orgullo por tenerlo a mi lado.

LAS CASAS

Caminaba por una calle tranquila, rodeada de casas nuevas que se alzaban con orgullo, cada una con su propio encanto. Las fachadas, pintadas en suaves colores pastel, parecían sonreírme mientras avanzaba, como si me invitaran a descubrir sus secretos.

Me perdí entre ellas, dejando que mis pasos me guiaran. Las flores en los jardines, cuidadosamente arregladas, exhalaban un aroma dulce que llenaba el aire. Era un lugar donde la vida parecía florecer, donde cada hogar contaba una historia, y yo, en mi búsqueda, anhelaba encontrar a alguien que compartiera este momento.

Las casas eran muy bonitas, con balcones adornados y ventanas que reflejaban la luz del atardecer. Me detuve un instante, admirando la belleza que me rodeaba, pero mi mente seguía enfocada en la persona que buscaba. ¿Dónde podría estar? La sensación de estar tan cerca y, al mismo tiempo, tan lejos, me llenaba de una mezcla de esperanza y ansiedad.

Continué mi camino, con la esperanza de que, entre esas encantadoras casas, encontraría a quien tanto anhelaba. Cada paso era un susurro de promesas, un eco de risas compartidas que aún no había vivido. Y así, con el corazón latiendo con fuerza, seguí adelante, lista para descubrir lo que el destino tenía reservado para mí.

MARTA

En un amplio jardín de una casa de campo, el césped, verde y suave, se extendía como una alfombra natural, invitándonos a descalzarnos y sentir la frescura de la tierra bajo nuestros pies. Marta, con su risa contagiosa, corría de un lado a otro, mientras Marco, con una sonrisa que iluminaba su rostro, se unía a ella en un juego improvisado.

Nos sentamos en una manta extendida sobre el césped, disfrutando de la brisa suave que acariciaba nuestras mejillas. La tarde se deslizaba lentamente, y el aire estaba impregnado del aroma de flores silvestres y el canto lejano de los pájaros. Hablábamos de sueños y risas, compartiendo historias que parecían fluir como el agua de un arroyo cercano.

Marco, con su espíritu alegre, nos contaba anécdotas divertidas, y cada risa que compartíamos se sentía como un pequeño tesoro. Marta, siempre atenta, se aseguraba de que no nos faltara nada, trayendo bocadillos y refrescos, mientras el sol comenzaba a descender en el horizonte, tiñendo el cielo de tonos anaranjados y rosados.

Era un día perfecto, uno de esos momentos que se graban en la memoria, donde la felicidad se siente en cada rincón del corazón. Juntas, en esa casa de campo, rodeadas de naturaleza y risas, sabíamos que estábamos creando recuerdos que durarían para siempre.

PEPITA

Mi teléfono vibró y sonó en la mesa. Era un mensaje de mi prima que estaba enferma, al descolgar, su voz resonó en mi mente como si estuviera allí mismo, hablándome. «Hola, ¿cómo estás? Hoy estoy sola en casa, mis padres se han ido y mis hermanos se turnan para cuidarme. ¿Podrías venir a acompañarme?».

Una sonrisa se dibujó en mi rostro. La idea de pasar tiempo con ella, de compartir risas y anécdotas, me llenó de calidez. Sabía que a veces se sentía un poco sola, y en esos momentos, la compañía de un familiar siempre era un bálsamo reconfortante. Sin pensarlo dos veces, respondí con entusiasmo: «¡Claro que sí! Estoy en camino». Mientras me preparaba, imaginaba las charlas que tendríamos, las historias que contaríamos y cómo, a pesar de la soledad que a veces la envolvía, juntos podríamos convertir ese día en una pequeña aventura.

Con cada paso que daba hacia su casa, el aire fresco de la tarde me llenaba de energía. Sabía que, aunque solo fuera por unas horas, mi presencia podría hacer que su día fuera un poco más brillante. La familia siempre tiene ese poder especial de transformar la soledad en compañía, y estaba decidida a aprovechar al máximo.

BOMBAS

Había oscurecido y en medio de una calle, un hombre apareció como un destello en la penumbra. Alto, con una sonrisa encantadora y unos ojos que parecían contener secretos del universo, se acercó a mí. Su nombre era Alex, y desde el primer momento, su magnetismo me atrapó.

«¿Te gustaría aprender a desactivar bombas?», me preguntó con un tono juguetón, como si estuviera hablando de un juego de mesa en lugar de un asunto tan serio. A pesar de la incredulidad que me invadió, la curiosidad pudo más. Así que, con un ligero asentimiento, me dejé llevar por su confianza y su carisma.

Nos encontramos en un viejo almacén, donde las sombras se alargaban y el aire estaba impregnado de un ligero olor a metal. Allí, sobre una mesa, yacían las bombas: potentes, de un verde fluorescente que brillaba con una intensidad casi hipnótica. Alex me guio con paciencia, explicando cada paso, cada mecanismo. Su voz era suave y tranquilizadora, y en ese momento, sentí que podía confiar en él sin reservas.

Con cada movimiento, mi admiración por él crecía. Era un maestro en su arte, y yo, su aprendiz, absorbía cada palabra. Sin embargo, a medida que avanzábamos, una inquietud comenzó a burbujear en mi interior. Algo no encajaba. Las miradas furtivas que lanzaba, la forma en que sus manos temblaban ligeramente al acercarse a las bombas... ¿Era realmente quien decía ser?

Finalmente, cuando creí que había dominado el arte de desactivar explosivos, la verdad se reveló como un rayo en una noche oscura. En un giro inesperado, Alex se volvió hacia mí, y en su mirada ya no había calidez, sino una frialdad que me heló la sangre. «Lo siento, pero esto no es lo que parece», dijo, y en ese instante, comprendí que había estado equivocada.

El hombre que había creído era un protector, un guía, resultó ser un maestro del engaño. Las bombas no eran solo artefactos; eran símbolos de una traición que nunca imaginé. Mi corazón...

PACO

Me encontraba en el interior del despacho, el murmullo de las reuniones se entrelazaba con el sonido de las hojas al pasar y el suave tintineo de las tazas de café. Yo me encontraba sumida en mis pensamientos, rodeada de documentos y pantallas, cuando una imagen familiar cruzó mi mente.

Fuera, en la plaza, mi hermano mayor disfrutaba de la tarde. Su figura se recortaba contra la luz del atardecer, mientras su perro juguetón corría a su alrededor, suelto y feliz. La escena era un cuadro de libertad y alegría, un contraste con la rigidez del entorno en el que me encontraba. Desde la acera de enfrente, observaba con una mezcla de nostalgia y anhelo.

El perro, un labrador de pelaje dorado, saltaba y giraba, persiguiendo hojas secas que danzaban al compás del viento. Mi hermano reía, su risa resonando en el aire como una melodía que me hacía sonreír también. Era un momento simple, pero lleno de vida, y yo, atrapada en el bullicio de las reuniones, no podía evitar sentirme un poco fuera de lugar.

Mientras los minutos pasaban, me dejé llevar por la escena. La plaza, con sus árboles frondosos y bancos de madera, se convertía en un refugio de tranquilidad.

Observé cómo mi hermano se agachaba para acariciar al perro, y en ese instante, el mundo del despacho se desvaneció, dejando solo la calidez de la conexión familiar.

A pesar de la distancia física, sentí que estaba allí con ellos, compartiendo ese momento de felicidad. La vida, en su simplicidad, a menudo nos regala instantes que nos recuerdan lo que realmente importa. Y mientras el sol se ocultaba, supe que, aunque el trabajo me llamara, siempre habría tiempo para disfrutar de la belleza de lo cotidiano.

POVO

Mi madre, aún envuelta en las sábanas, se movía lentamente, como si el mundo exterior le costara un poco más de lo habitual. Decidí dejarla descansar y me dirigí a otra habitación, donde el silencio era casi palpable.

Al entrar, mis ojos se posaron en un pequeño hueso de dátil y algunos restos de comida esparcidos por el suelo. Con un suspiro, recogí los desechos, pensando que seguramente se le había olvidado a mi madre. Con un gesto decidido, los arrojé a la basura, sintiendo una ligera satisfacción por haber hecho algo útil. Sin embargo, al regresar, me encontré con una escena desconcertante: más restos de comida estaban allí, como si se hubieran multiplicado en mi ausencia.

En el rincón, un colchón yacía en el suelo, recordándome a un viejo amigo que había pasado por nuestra casa. Era el señor Povo, que trabajaba con mi padre, un hombre de voz suave y mirada comprensiva. Nos sentamos a charlar, y él me contó sobre los días en que mi padre aún tenía el negocio, cuando todo parecía más sencillo. Su voz se tornó melancólica al mencionar a una secretaria despreocupada que había llegado con la venta, como si su presencia hubiera traído consigo una sombra de desinterés.

Mientras hablábamos, noté una televisión en la esquina, acompañada de un pequeño colchón de niño. La imagen era extraña, casi surrealista.

De repente, una niña apareció en la habitación, su rostro pálido y sus ojos grandes, llenos de una inquietud que no podía ignorar. Povo, el señor que conversaba conmigo, le dijo que era hora de cerrar, que debía irse. La niña asintió, pero había algo en su mirada que me hizo sentir un escalofrío.

Fue entonces cuando comprendí que había algo más en juego. La atmósfera se tornó densa, y un leve temor se instaló en el aire. La niña parecía temerosa de que llegara cierta hora, como si el tiempo tuviera un poder sobre ella que no podía entender. Miré a Povo, buscando respuestas en su expresión, pero él solo sonrió con tristeza, como si conociera un secreto.

CULPABILIDAD

Voy a ver a mi prima por el cáncer y no visito a mi tío que también tiene cáncer, no sé por qué, pero creo que he hecho mal. En la penumbra de un atardecer que se deslizaba suavemente hacia la noche, me encontraba en la puerta de una casa que conocía bien, pero que en ese momento parecía un laberinto de emociones. El aire estaba impregnado de un silencio denso, como si el mundo exterior hubiera decidido pausar su bullicio para dar paso a un instante de reflexión.

Al cruzar el umbral, el aroma a flores marchitas y medicamentos flotaba en el ambiente, un recordatorio de la fragilidad de la vida. Allí estaba ella, mi prima, sentada en un sillón que parecía absorber su energía. Su rostro, una mezcla de fortaleza y vulnerabilidad, iluminaba la habitación con una luz tenue, como un faro en medio de la tormenta. La enfermedad había dejado su huella, pero en sus ojos aún brillaba una chispa de esperanza, un destello que desafiaba la oscuridad que la rodeaba.

Nos abrazamos, y en ese gesto, sentí el peso de las palabras no dichas, de los momentos perdidos. Hablamos de trivialidades, de recuerdos compartidos, mientras el tiempo se deslizaba entre nuestros dedos como arena. Sin embargo, en el fondo de mi ser, una sombra se cernía sobre mí: la figura de su padre, también atrapado en la red de la enfermedad, su presencia ausente en esa sala. La culpa se enredaba en mis pensamientos, un eco persistente que me recordaba que había elegido no visitarlo, que había dejado que la distancia se convirtiera en un muro entre nosotros.

A medida que la conversación avanzaba, la risa se entrelazaba con las lágrimas, y el amor se manifestaba en cada palabra. Pero en mi mente, la imagen de su padre se mantenía viva, un espectro que me observaba desde la penumbra, preguntándose por qué no había cruzado el umbral de su habitación. La decisión de no visitarlo se transformaba en un peso insoportable, un dilema que me desgarraba por dentro.

Finalmente, el sueño comenzó a desvanecerse, como un susurro que se pierde en el viento. Me desperté con el corazón agitado, la sensación de haber estado en un lugar donde el amor y la culpa coexistían en un delicado equilibrio. En mi mente resonaba la pregunta: ¿había hecho lo correcto?

LA TRAMPA

Era una noche de diversión, y yo estaba allí con mi amiga, disfrutando de la energía que solo un lugar así podía ofrecer. La pista de baile estaba llena de gente, todos moviéndose al compás de la música, riendo y disfrutando del momento.

De repente, un chico se acercó a nosotras. Tenía una sonrisa encantadora y un acento que, al principio, parecía auténticamente cubano. Se presentó con un aire de confianza, y mi amiga y yo intercambiamos miradas cómplices, intrigadas por su presencia. Sin embargo, lo que comenzó como una conversación ligera pronto se tornó incómodo.

Mientras bailábamos, sentí su mano en mi cintura, y luego, sin previo aviso, comenzó a manosearme por detrás. Un escalofrío recorrió mi espalda, y la diversión se desvaneció en un instante.

Con el corazón acelerado, decidí que era hora de escapar. Me abrí paso entre la multitud, buscando la salida de esa situación incómoda. Al girar, me di cuenta de que el chico no era quien decía ser. Su acento, que antes me había parecido tan seductor, ahora sonaba forzado y artificial. La revelación me hizo sentir una mezcla de alivio y desconfianza. ¿Cómo había podido caer en su trampa? La música seguía sonando, pero para mí, el ritmo había cambiado. Con mi amiga a mi lado, nos alejamos de la pista, riendo nerviosamente por la experiencia. A veces, la noche puede ser un lugar lleno de sorpresas, y no todas son agradables. Pero juntas, sabíamos que siempre podríamos encontrar la manera de disfrutar, sin importar lo que sucediera.

ALICIA

Alicia y yo estábamos emocionadas por ver a Merche, pero a medida que nos acercábamos, una sensación extraña comenzó a invadirme. Algo en el ambiente no me gustaba, y aunque intenté ignorarlo, la inquietud creció en mi interior. Sin pensarlo dos veces, decidí dejar a Alicia y a Merche atrás, buscando refugio en la compañía de otra amiga que apareció de la nada.

El camino hacia ella no era el más convencional. Nos adentramos en un canal de agua negra, un desagüe que parecía sacado de una película de terror. El olor era desagradable, pero no había otra opción. Tenía que salir de allí, y la única forma era atravesar ese oscuro pasaje. Al final, emergimos en un lugar que parecía más acogedor, aunque la confusión aún me acompañaba.

Llegamos a casa de Loli, otra amiga que siempre tenía una energía contagiosa. Sin embargo, lo que vi a continuación me dejó perpleja: Loli saltó del sofá y se enredó con su hijo de un modo como si fuese su pareja. No entendía nada. La situación era tan extraña que decidí que era mejor irme con esa amiga desconocida que había aparecido en mi vida como un rayo de luz en medio de la confusión.

Antes de marcharnos, el marido de mi nueva amiga se acercó a mí con una sonrisa nerviosa. «Esa noche le voy a pedir que se vuelva a casar conmigo», me dijo, y no pude evitar una risa nerviosa. «Si antes su hijo no la deja embarazada», le respondí, intentando romper la tensión con un poco de humor. La situación era surrealista, pero así eran las vacaciones, llenas de sorpresas inesperadas.

Más tarde, con la mente aún enredada en los acontecimientos del día, decidí que era hora de ir a otro lugar.

PERÚ

Cuando el mundo dormía, mi esencia se desprendía de la carne, y así comenzaba mi viaje astral. Mis ojos, despojados de su cuerpo, surcaban el cielo estrellado, como si fueran aves en libertad. La ciudad se extendía ante mí, un mosaico de luces titilantes que danzaban al ritmo de la brisa nocturna. Con una velocidad vertiginosa, me deslizaba hacia el puerto, donde el murmullo del agua y el aroma a sal me envolvían en un abrazo familiar.

Al llegar a la plaza, un lugar que parecía suspendido en el tiempo, me encontré rodeada de arcos que se alzaban majestuosamente, como guardianes de secretos antiguos. Allí, un grupo de personas se movía con gracia, vestidas con blusas blancas adornadas con bordados en rojo y verde, que parecían contar historias de su tierra. Sus manos hábiles ofrecían al mundo jerséis con cenefas vibrantes, bisutería nativa que brillaba como estrellas y vestidos que reflejaban la misma belleza de sus blusas.

Observé con fascinación cómo intercambiaban sonrisas y palabras, creando un ambiente de calidez y comunidad. Era un espectáculo que se repetía en diferentes años, un ciclo eterno que me atraía como un imán. Cada vez que regresaba a ese lugar, sentía que formaba parte de algo más grande, un hilo en el tapiz de la vida.

Pero, como todo viaje, había un momento en que la llamada de mi cuerpo se hacía irrefrenable. Con un suspiro de despedida, me dejaba llevar de regreso, rauda y ligera, hasta que finalmente mis ojos se encontraban de nuevo con la realidad tangible. Allí, en la quietud de mi habitación, el eco de la plaza y sus colores vibrantes permanecían en mi mente, recordándome que, aunque mi cuerpo estuviera anclado a la tierra, mi espíritu siempre podría volar.

CHISPA

Mi perrito actual se entregaba a un juego desenfrenado. Sin embargo, su alegría se tornaba en frustración al intentar jugar con la memoria de *Chispa*, mi querida perrita que ya había cruzado al otro plano. Con un movimiento juguetón, él la revuelca, como si pudiera traerla de vuelta a este mundo, mientras ella, en su esencia etérea, se queda panchita arriba, ajena a la confusión de su compañero.

Al ver esta escena, no pude evitar reprenderlo. «¡No, no! ¡Eso no se hace!», le dije con firmeza, esperando que entendiera la delicadeza del momento. Pero en lugar de acatar mi advertencia, me respondió con un gruñido, un pequeño acto de rebeldía que me hizo sonreír a pesar de la situación. Era un recordatorio de que, aunque *Chispa* ya no estuviera físicamente, su espíritu seguía presente en cada rincón de nuestro hogar, y mi perrito, en su inocente confusión, intentaba mantener viva esa conexión.

LA ASPIRADORA

«Hola», le dije a ella, aunque su rostro se desdibujaba en mi memoria como un sueño lejano. «Te has comprado una aspiradora nueva», continué, con una sonrisa que intentaba iluminar el momento. «Me alegro, es parecida a la mía y es muy cómoda».

Ella me miró con una chispa de entusiasmo en sus ojos, y su voz resonó con alegría. «Sí, estoy feliz porque aspira y lava sin cables», respondió, como si cada palabra estuviera impregnada de la satisfacción que solo un nuevo electrodoméstico puede traer.

La aspiradora, alta y elegante, se erguía entre nosotros, su diseño moderno y la parte inferior cuadrada le conferían un aire de sofisticación. Era más que un simple aparato; era un símbolo de eficiencia y libertad, un aliado en la lucha contra el polvo y la suciedad. En ese instante, compartimos una conexión inesperada, un momento de complicidad en el que dos almas se encontraban en el rincón de una conversación trivial, pero llena de vida.

LA CUMPARSITA

Había pasado por una colposcopia, un procedimiento que la había dejado con más preguntas que respuestas, y ahora, con seis largos meses de espera por delante, se sentía como si el tiempo se hubiera detenido.

Con un suspiro profundo, sacó su *iPhone* del bolso y marcó un número familiar. La conversación fue breve, pero reconfortante, un pequeño refugio en medio de la tormenta emocional que la envolvía. Al colgar, su mirada se desvió hacia la pantalla del teléfono, y allí, como si el destino hubiera querido hacerle un guiño, apareció una canción que su padre solía cantar: *La Cumparsita*.

Sin sonido, una estrofa se iluminó en la pantalla, como un eco de su memoria: «*Si supieras que aún dentro de mi alma, conservo aquel cariño que tuve para ti...*». Las palabras parecían flotar en el aire, llenas de nostalgia y amor. Su corazón dio un vuelco al leer: «*quién sabe si supieras que nunca te he olvidado, volviendo a tu pasado te acordarás de mí*».

En ese instante, una oleada de calidez la envolvió. Era como si su padre, quien había partido hace años, estuviera a su lado, acompañándola en ese momento tan vulnerable. La certeza de su presencia la llenó de una paz inesperada. Sabía que, sin importar el resultado de la prueba, no estaba sola. Su padre, en alguna forma, siempre estaría con ella, guiándola y protegiéndola, recordándole que el amor trasciende incluso las barreras del tiempo y la distancia.

Con una sonrisa melancólica, se permitió un momento de reflexión. La vida, con sus altibajos, seguía su curso, y ella estaba lista para enfrentar lo que viniera, con el recuerdo de su padre como su faro en la oscuridad.

63 CUMPLEAÑOS

El reloj marcaba las 3:30 de la madrugada cuando un destello de luz blanca iluminó la habitación. Ana, aún medio dormida, se incorporó de un salto, el corazón latiendo con fuerza. La luz la había asustado, y por un momento, pensó que alguien había entrado en su hogar. Pero al mirar más de cerca, se dio cuenta de que la televisión estaba encendida, aunque en un silencio inquietante, mostrando un paisaje que le resultaba familiar.

No había ningún canal sintonizado, solo un camino de tierra que se extendía ante ella, bañado por un sol resplandeciente que parecía brillar con una intensidad especial. A los lados del camino, árboles con hojas amarillas se mecían suavemente, como si danzaran al ritmo de una melodía que solo ellos podían escuchar. En ese instante, Ana sintió una oleada de nostalgia y amor, recordando a su madre, quien había partido tres meses atrás.

Era como si ella estuviera allí, en ese momento mágico, felicitándola en su 63 cumpleaños. La luz, el paisaje, todo parecía un regalo del más allá, un abrazo cálido que lo envolvía en su esencia. Ana sonrió, sintiendo que, aunque la distancia las separara, el amor de su madre siempre estaría presente, iluminando incluso las noches más oscuras.

EL ACCIDENTE

Caminaba por la calle, sumida en mis pensamientos, cuando de repente, un estruendo desgarrador rompió la calma. El sonido de metal retorciéndose y cristales estallando resonó en mis oídos, y un escalofrío recorrió mi espalda. Sin poder evitarlo, corrí hacia el lugar del accidente.

Lo que vi me paralizó. Mi sobrino, un niño pequeño de risas contagiosas y ojos brillantes, yacía en el asfalto, inmóvil. El mundo a mi alrededor se desvaneció, y el tiempo pareció detenerse. Mi hermano, su padre, estaba arrodillado junto a él, su rostro desencajado por el horror. Lloraba a mares, un llanto desgarrador que atravesaba el aire como un grito de desesperación. «¡Por favor, despierta! ¡No, no, no!», repetía, su voz quebrándose en cada palabra.

La imagen de mi sobrino, tan pequeño y vulnerable, yaciendo sin vida, se grabó en mi mente como una herida abierta. La escena era un torbellino de dolor y confusión. Intenté acercarme, pero mis piernas parecían estar pegadas al suelo, incapaces de moverse. La angustia de mi hermano resonaba en mi pecho, y el aire se volvió denso, casi irrespirable.

De repente, todo se volvió borroso. La desesperación y el horror se mezclaron en un torbellino de emociones que me ahogaba. En ese instante, sentí que el mundo se desmoronaba a mi alrededor. La imagen de mi sobrino, su risa, su alegría, se desvanecía como un eco lejano. Y entonces, en medio de esa oscuridad, un destello de luz me atravesó.

Desperté de golpe, empapada en sudor, el corazón latiendo con fuerza. La habitación estaba en silencio, y la luz del amanecer se filtraba a través de la ventana. Me senté en la cama, temblando, mientras la realidad comenzaba a asentarse en mi mente. Era solo un sueño, una pesadilla aterradora que había sentido tan real. Un alivio.

EL RÍO

En ese silencio profundo, donde los susurros del viento parecían contar secretos olvidados, una mujer se sumergió en un sueño vívido y perturbador.

En su visión, un río serpenteaba con gracia, sus aguas reflejando la luz de la luna como un espejo quebrado. El murmullo del agua era casi hipnótico, un canto que invitaba a la calma, pero en el fondo de su ser, algo no estaba bien. A medida que se acercaba a la orilla, la imagen se tornó más clara, y su corazón se detuvo por un instante.

Allí, en la superficie oscura del río, yacía el cuerpo de un joven, el hijo adulto de una amiga suya. Su rostro, sereno en la penumbra, estaba sumergido, boca abajo, como si el agua lo abrazara en un último intento de ocultar la tragedia. La mujer sintió un escalofrío recorriéndola completamente; el aire se volvió denso y pesado, como si el mismo río guardara el lamento de una vida truncada.

Recordó las risas compartidas, los momentos de alegría y las promesas de un futuro brillante. Pero esa noche, el destino había tejido una historia diferente. En su mente, revivió el instante del accidente: un resbalón, un grito ahogado, la caída en la oscuridad del río. La imagen se repetía, cruel y desgarradora, mientras su corazón se llenaba de una tristeza profunda.

Despertó de golpe, el sudor perlado en su frente y el eco de la visión aún resonando en su pecho. Sabía que los sueños a veces eran portadores de mensajes, y en su interior, una inquietud crecía. ¿Era solo un sueño, o había algo más? Con el amanecer, la realidad la aguardaba, y con ella, la necesidad de enfrentar lo que había visto, de buscar respuestas en un mundo donde la vida y la muerte a menudo danzan en un delicado equilibrio.

PAREJA

Era una tarde gris cuando conocí a aquel hombre, justo después de que se marchara. Mi madre, con un año más que yo, siempre decía que el amor podía ser un laberinto, y yo, ingenua, pensaba que podría encontrar la salida. La relación que comenzó con promesas y sonrisas pronto se tornó en un camino tortuoso, lleno de desilusiones y mentiras.

Él era un maestro del engaño, un artista del egoísmo. Durante esos dos años, me hizo sentir como si mi amor fuera un regalo que podía abrir y cerrar a su antojo. A pesar de las veces que decidí dejarlo, su insistencia y mis propios sentimientos me arrastraban de vuelta a su lado. Era un ciclo vicioso, y yo, atrapada en él, me aferraba a la esperanza de que las cosas cambiarían.

Una noche, en medio de una de nuestras rupturas, tuve un sueño que me dejó inquieta. En él, se apareció su padre, con una mirada seria y clara. Me habló de su vida, de una mujer rubia con la que cenaba en el centro de la ciudad, de un coche nuevo que había comprado y de una multa que había recibido. Luego, me mostró un álbum de fotos. En una de las imágenes, una mujer delgada, vestida de luto, con el pelo oscuro y largo, me miraba desde el pasado.

Al despertar, el corazón me latía con fuerza. Necesitaba saber si aquel sueño era solo una fantasía de mi mente o si había algo de verdad en él. Con el pulso acelerado, decidí llamarlo. Su sorpresa fue palpable, y me pidió que repitiera lo que había soñado, como si quisiera grabar cada palabra. Pero no pude. La revelación era demasiado intensa, y el miedo a lo que pudiera descubrir me detuvo.

Finalmente, él rompió el silencio. «Todo es cierto», dijo, «excepto lo de la mujer de luto. No la conozco». Sus palabras resonaron en mi mente como un eco, y en ese momento comprendí que, a pesar de mi amor, había una realidad que no podía ignorar. La verdad, aunque dolorosa, era la única salida de aquel laberinto en el que me había perdido.

EL GUERRERO

Acurrucada en mi cama, envuelta en mantas que apenas lograban calentar su cuerpo debilitado. Habían pasado tres años desde que mi madre se había ido, y la soledad se había convertido en mi compañera más constante. La angina de pecho, esa sombra que me acechaba, me había llevado a un ciclo interminable de ingresos y convalecencias, dejándome exhausta y harta de luchar.

Cada día era un desafío, y cada noche, un tormento. La angustia de no saber si el siguiente ataque sería el último, mantenía en un estado de alerta constante. Sin embargo, había llegado a aceptar mi destino, convencida de que la muerte llegaría cuando menos lo esperara. «Si no te toca ni aunque te pongas delante», solía decirse, intentando encontrar consuelo en la resignación.

Una noche, mientras el reloj marcaba las 4:30, me despertó un sueño inquieto. Un ruido provenía de la cocina, un sonido familiar que había llegado a conocer demasiado bien: el goteo del agua, el crujir de los grifos. Me levanté, pero al asomarme, la cocina estaba vacía. Regresé a su cama, el corazón latiendo con fuerza, y me acurruqué bajo las sábanas, intentando ahogar mi miedo.

Pero el silencio no duró mucho. Sentí una presencia en mi habitación, una sombra que se movía con sigilo. El aire se volvió denso, y un escalofrío recorrió su espalda. Algo tocó mis pies, levantando un poco la sábana. Aterrorizada, comencé a rezar, mis palabras entrelazándose con el miedo que me envolvía. Durante quince noches, la misma rutina se repitió: los ruidos, la sábana que se movía, la sensación de ser observada.

Una noche, la figura se mostró ante mí. Era un guerrero, un ser antiguo que parecía haber salido de un cuento de hadas. Su rostro estaba protegido por un yelmo brillante, y su cuerpo estaba cubierto con una armadura, sus botas de metal le llegaban a las rodillas. Se lo conté a una amiga que escucha y sigue al grupo *Hepta* y me recomendó que rezara y le ignorara, así lo hice, esa noche no vino, pero estuvo en casa de mi amiga efectuando los mismos ruidos, la única diferencia es que ella no tuvo miedo, yo rezaba y rezaba hasta que desapareció.

MI PEOR PESADILLA

Desde el año 2022, he visitado varias veces una isla que se había convertido en un refugio recurrente en mis sueños. Era la misma isla, siempre rodeada de un mar que, en sus primeras visiones, se tornaba negro como la noche más oscura. En esos momentos, el miedo se apoderaba de ella, pues tiburones acechaban en las profundidades, haciendo que nadar se convirtiera en un acto de locura. La única forma de escapar de aquel lugar era a través del aire, un vuelo incierto que la mantenía en vilo.

Con el paso del tiempo, los sueños evolucionaron. Las aguas negras dieron paso a olas gigantescas que se alzaban hasta los treinta metros, como si el océano mismo quisiera devorarla. Ella se encontraba atrapada, inmóvil, sin poder avanzar ni por tierra ni por mar. A su lado, un hombre permanecía en silencio, su rostro siempre oculto en las sombras, un enigma que la inquietaba aún más. La imagen de esa isla, con su mar embravecido y su compañero desconocido, se repetía una y otra vez, convirtiéndose en una pesadilla que la perseguía incluso en su vigilia.

Era el 9 de agosto de 2024 decidió que ya era suficiente. La angustia de esos sueños la había llevado a tomar precauciones, ¿y si era una premonición? En su despensa, ahora había botellas de agua embotellada y latas de legumbres y pescado. Recordaba vívidamente el tsunami de Indonesia, la devastación que había traído consigo, y sabía que una mujer precavida vale por dos.

La isla, con su atmósfera apocalíptica, se había transformado en un símbolo de su propia lucha interna. Era como si ese lugar representara un fin del mundo, un espacio donde quedaban pocas personas, y ella sentía cada vez más que iba a ocurrir un desastre mundial, natural o no. Sin embargo, en su corazón, albergaba la esperanza de que tan solo fuese una pesadilla.

LA CASA RÚSTICA

En una isla distante, donde las olas rompían con fuerza contra las rocas, se alzaba una casa de dos pisos, orgullosa en la cúspide de un acantilado. Su fachada, construida con piedras rústicas, parecía contar historias de tiempos pasados, mientras que una ventana de madera, pintada de blanco, reflejaba la luz del sol en destellos brillantes. La puerta de entrada, grande y robusta, estaba adornada con relieves que formaban rectángulos, como si cada uno de ellos guardara un secreto.

Era un lugar lleno de vida, donde varias personas compartían risas y momentos. Un día, mi amiga llegó con la esperanza de descubrir la magia de aquel hogar. Sin embargo, al recorrer los pasillos y observar el desorden que reinaba en mi habitación, su expresión se tornó de decepción. Sin más, se despidió y se marchó, dejando un eco de tristeza en el aire.

Poco después, mi madre llegó para celebrar su cumpleaños conmigo. La alegría llenó la casa, y mientras organizábamos un pequeño festín, ella dejó algunas prendas en el armario de mi habitación. Mi ropa, en cambio, era un caos de colores y texturas, un reflejo de mi vida desordenada.

Más tarde, la puerta se abrió de nuevo y apareció mi amiga de la infancia. Su cabello, recién tintado de rubio, brillaba como el oro, un eco del mismo color que el de su madre y su hermana. Nos abrazamos con cariño, y le di dos besos, pero noté que no tenía ganas de comer. «Prefiero descansar», dijo, y aunque sospechaba que su esposo la esperaba, decidimos salir a comer los tres juntos.

Nos dirigimos a una terraza donde la dueña, una señora amable, nos recibió con una sonrisa. A su lado, un perro pastor alemán jugueteaba, y mi propio perro, curioso y travieso, no tardó en acercarse. En un momento de juego, el otro perro mordisqueó las patas traseras de mi compañero, y sin pensarlo, me levanté, lo tomé en brazos y lo recosté en mi regazo, buscando consolarlo mientras las risas y las historias continuaban fluyendo entre nosotros.

CUÑADA

La luz del nuevo día se filtraba a través de las ventanas de la casa nueva, iluminando cada rincón de la moderna cocina que había sido el orgullo de mi cuñada. Las paredes, pintadas en un suave tono blanco, contrastaban con los elegantes muebles de madera oscura y los electrodomésticos de acero inoxidable que brillaban como joyas en la luz matutina. Era un espacio amplio, diseñado para ser el corazón del hogar, donde las risas y los aromas de la cocina se entrelazaban en un abrazo cálido.

Sin embargo, al día siguiente, al cruzar el umbral de la cocina, me quedé estupefacta. Todo había cambiado. Los muebles que antes adornaban el espacio habían desaparecido, y los electrodomésticos que solían ser parte del paisaje cotidiano ahora eran solo un recuerdo. En su lugar, un nuevo sistema de grifos había tomado el control, un mecanismo futurista que, al pulsar un botón, dejaba fluir el agua como si de un manantial se tratara.

—¿Qué ha pasado aquí? —pregunté, la incredulidad marcando cada palabra. Miré a mi cuñada, buscando respuestas en su rostro.

Ella, con una expresión que oscilaba entre la sorpresa y la defensiva, me miró fijamente. Su actitud cambió, como si la pregunta hubiera abierto una puerta que preferiría mantener cerrada.

—¿Por qué lo preguntas? —respondió, su tono un tanto cortante, como si la curiosidad fuera un atisbo de desconfianza.

La atmósfera se tornó tensa, y en ese instante, comprendí que detrás de la reforma había más que solo cambios estéticos. Había historias, decisiones y quizás secretos que aún no estaba lista para compartir. La cocina, que antes parecía un refugio de alegría, ahora se sentía como un enigma, un espacio donde las respuestas estaban tan ocultas como los muebles que habían desaparecido.

EL BALCÓN

Junto a mi madre, decidimos salir al balcón en forma de L, un rincón especial que ofrecía una vista panorámica del jardín, donde las flores danzaban suavemente al ritmo de la brisa.

Con una sonrisa, llamé a mi perrito, su nombre resonando en el aire como un canto familiar. «¡Ven aquí, pequeño!», exclamé, mientras mi madre, con un tono suave y cariñoso, llamaba a su perrita. La escena era un cuadro de ternura: dos generaciones unidas por el amor a nuestros fieles compañeros.

Sin embargo, el tiempo parecía jugar en mi contra. Mi perrito, siempre un poco más lento, tardaba en responder a mi llamada. Miré hacia el jardín, esperando ver su pequeño cuerpo corriendo hacia mí, pero en cambio, la perrita de mi madre acudió de inmediato, sus patas ligeras como plumas, llenando el balcón con su energía juguetona.

Mientras le ponía la correa a mi perrito, que finalmente apareció con un ligero trote, no pude evitar sonreír ante la diferencia entre ellos. La perrita de mi madre, siempre lista para la aventura, contrastaba con la naturaleza más tranquila de mi pequeño amigo. En ese instante, rodeados de risas y ladridos, supe que esos momentos compartidos eran los que realmente llenaban de alegría nuestras vidas.

LA EXPOSICIÓN

En el suave vaivén de un sueño, la cocina se iluminaba con una luz cálida y familiar. Allí estaban, como si el tiempo no hubiera pasado: mi tía, su hijo y mi madre, todos reunidos en un rincón que olía a recuerdos y risas compartidas. La mesa estaba adornada con pequeños detalles que evocaban la calidez del hogar, y el aire estaba impregnado de un aroma dulce que prometía sorpresas.

Con una sonrisa, me acerqué a ellos, sosteniendo en mis manos dos tabletas de chocolate blanco, partidas por la mitad, cada una con sabores y rellenos distintos. Era un pequeño regalo, un gesto de cariño que esperaba compartir. Pero en mi mente aún resonaba la imagen de la inauguración a la que debía asistir, un evento que prometía ser emocionante, aunque un tanto inquietante.

De repente, la escena cambió. En mi mente, recordé a dos extranjeros en el museo, rompiendo las esferas de papel que adornaban la decoración. La imagen era caótica y desconcertante, como si el arte mismo estuviera siendo despojado de su esencia. Pero ahora, aquí en la cocina, la realidad era diferente.

Miré a mi tía y le dije, con un tono de complicidad: «Puedes reclamar lo de la decoración». Ella, con una risa suave y resignada, respondió: «No conseguiré nada». Su hijo, que paseaba por la habitación, observaba con curiosidad, mientras mi madre, siempre la voz de la razón, se acercó a su hermana y le dijo con un tono alentador: «Inténtalo».

En ese instante, la cocina se convirtió en un refugio de apoyo y amor, donde las preocupaciones del mundo exterior se desvanecían. La risa de mi madre resonaba como un eco de esperanza, y el chocolate en mis manos parecía simbolizar la dulzura de esos momentos compartidos. En el fondo, sabía que, sin importar lo que sucediera en el museo, en esta cocina siempre habría un lugar para la familia y la complicidad.

LA PIERNA

Después de la partida de mi padre, el hogar había perdido parte de su calidez, y mi madre, sumida en un profundo pesar, se había convertido en una sombra de sí misma. Era un día cualquiera, pero el aire estaba cargado de una tristeza palpable, como si las paredes mismas lloraran la ausencia de quien había sido el pilar de nuestras vidas.

Decidí acostarme a su lado, en su cama, con la esperanza de brindarle un poco de consuelo. La habitación estaba iluminada tenuemente por la luz de la luna que se filtraba a través de las cortinas, creando un ambiente casi etéreo. Me acerqué a ella, la arropé con suavidad y le di un beso de buenas noches, un gesto que solía ser un ritual entre nosotros. Al hacerlo, sentí que el peso del mundo se aligeraba un poco, como si mi cariño pudiera, de alguna manera, aliviar su dolor.

Me acomodé bajo las sábanas, buscando el calor que tanto necesitaba. Pero, en ese instante, una sensación extraña me envolvió. Una presencia, suave y familiar, se deslizó a mi lado derecho. La calidez de una pierna que tocaba la mía me hizo detenerme. Mi corazón latía con fuerza, pero en lugar de miedo, una oleada de calma me invadió. Era como si, a través de esa conexión, pudiera sentir la esencia de mi padre, como si no hubiera partido del todo.

Recordé las historias que había escuchado sobre los espíritus que se niegan a irse, que permanecen cerca de sus seres queridos, y en ese momento, comprendí que quizás él no quería dejarnos. Tal vez, en su amor infinito, había decidido acompañarnos un poco más, protegiéndonos en nuestra soledad. No estaba segura de nada, pero esa idea me reconfortaba. Era un pensamiento que me llenaba de esperanza, un susurro en la oscuridad que me decía que, aunque físicamente ya no estuviera, su amor seguía presente.

Así, en esa noche silenciosa, con la presencia de mi padre a mi lado, me dejé llevar por el sueño, sintiendo que, de alguna manera, todo estaría bien. La tristeza seguía ahí.

VINIERON TODOS

En ese rincón mágico de mi mente, me encontré en un vasto campo, donde la brisa suave acariciaba mi rostro y el aroma a tierra fresca llenaba el aire. Ante mí, se extendía una larga mesa de madera, robusta y rústica, con tablones desgastados por el tiempo y bancos que invitaban a sentarse y compartir historias.

A mi alrededor, estaban todos mis seres queridos que ya habían partido, pero en ese instante, la muerte parecía un mero susurro. Mi tío Joaquín, con su risa contagiosa; mi tía Ana, siempre con una historia lista para contar; mi tío Richard, con su mirada sabia; mi tía Amparito, que siempre sabía cómo hacerme sonreír; mi tío José María, con su humor inigualable; y mi tía Encarnita, cuya calidez iluminaba el ambiente. También estaban mis padres, radiantes y llenos de vida, como si el tiempo no hubiera pasado.

La mesa estaba llena de risas y anécdotas, como en aquellas reuniones familiares que solíamos tener. Hablábamos de todo y de nada, compartiendo recuerdos que parecían flotar en el aire como mariposas. Era un momento perfecto, un instante suspendido en el tiempo donde la tristeza no tenía cabida.

Sin embargo, el momento de partir llegó, y una sensación de melancolía me invadió. Mi tío Ricardo, siempre atento, se acercó y me dijo que él me acompañaría. Subimos a su pequeña moto, que rugía con fuerza, como si también ella estuviera emocionada por el viaje. Mientras nos alejábamos del campo, me giré para despedirme de todos, y sus sonrisas se grabaron en mi corazón.

Al llegar a la ciudad, me bajé de la moto y, en un gesto de gratitud, le di dos besos a mi tío. Fue entonces cuando, con su voz profunda y serena, me dijo: «Nunca se te olvide que nunca jamás te faltará de nada». Esas palabras resonaron en mi interior, llenándome de una calidez indescriptible. Desperté muy feliz.

LA OFICINA

En una imponente oficina, donde las luces fluorescentes iluminaban cada rincón con un brillo casi clínico, se respiraba un aire de formalidad y seriedad. Las paredes estaban adornadas con obras de arte contemporáneo, y el suave murmullo de las conversaciones se mezclaba con el teclear constante de los teclados. Sin embargo, en medio de este ambiente pulcro y ordenado, había un pequeño secreto que nadie se atrevía a mencionar: los baños estaban en un estado deplorable.

Fue entonces cuando me asignaron la tarea de enseñar a dos hombres, impecablemente vestidos con trajes de chaqueta, cómo limpiar esos baños. Ellos eran la imagen misma del éxito: corbatas perfectamente anudadas, zapatos brillantes y una actitud que parecía decir «no estoy aquí para esto». Pero la realidad era otra, y los baños necesitaban urgentemente su atención.

Con una sonrisa amable, me acerqué a ellos. «Hola, chicos. Hoy vamos a hacer algo un poco diferente», comencé, tratando de romper el hielo. Sus miradas se cruzaron, y pude ver cómo intentaban contener una risa nerviosa. «Sé que no es lo que esperaban, pero es importante que aprendan a mantener estos espacios limpios».

A medida que les explicaba los pasos básicos de la limpieza, noté que su atención comenzaba a divagar. Uno de ellos, con un ligero movimiento de su muñeca, miró su reloj como si tuviera una cita más importante que atender. El otro, con una sonrisa forzada, se inclinó hacia el lavabo, pero en lugar de limpiar, parecía más interesado en observar su reflejo.

«Vamos, chicos, esto no es tan complicado», les animé, tratando de mantener el buen humor. «Solo necesitamos un poco de esfuerzo y dedicación». A pesar de sus intentos de despistarse, decidí que no me rendiría tan fácilmente. Después de todo, la limpieza de esos baños era una misión que debía cumplirse.

Con un poco de paciencia y un toque de humor, logré captar su atención. Les mostré cómo usar los productos de limpieza, cómo fregar con energía y, sobre todo, cómo hacer que cada rincón brillara. Poco a poco, sus sonrisas se fueron transformando en expresiones de concentración. La risa nerviosa se convirtió en un ligero sentido de competencia: ¿quién podría dejarlos mejor?

DANKO

La ausencia de *Danko*, mi fiel compañero, pesaba en el aire, y aunque había intentado distraerme con la luz tenue de la lámpara, la soledad se hacía cada vez más palpable. Finalmente, el cansancio me venció y caí en un sueño profundo, donde la realidad y la fantasía se entrelazaban en un abrazo etéreo.

En mi sueño, me encontraba en una calle familiar, a mi lado, mi querido y obediente cocker spaniel, *Danko* trotaba con su energía habitual, su pelaje negro, brillando como si estuviera bañado por la luz dorada del atardecer. Lo llamé con la voz suave que siempre le dedicaba, pero él, en su naturaleza juguetona, se adelantó, como si un impulso invisible lo guiara hacia adelante.

«¡*Danko*! ¡Ven aquí!», le grité, pero él no se detuvo. En lugar de eso, comenzó a correr, sus patas golpeando el suelo con una rapidez que me sorprendió. Lo observé, con el corazón latiendo en un ritmo frenético, mientras se alejaba cada vez más, como si la distancia entre nosotros se expandiera en un suspiro. Era un perro obediente, siempre atento a mis llamadas, pero en este sueño, parecía estar atrapado en un mundo donde las reglas no existían.

«¡*Danko*, espera!». Mi voz resonó en el aire, pero él continuó su carrera, cada vez más rápido, hasta que, en un parpadeo, se desvaneció en la bruma del horizonte. La angustia me invadió, y comprendí que no podía alcanzarlo.

En ese instante, sentí que era más que un simple sueño; era una despedida, un adiós que yo le di y él no pudo darme, me miró fijamente antes de partir y desperté… Creo que quería que supiera que estaba bien y que estaba en otro lugar.

Años más tarde, en medio de la noche, metida ya en mi sueño, vi que iba a meterme en la cama y al girarme hacia la ventana, me rozó su pata en mi espalda, fue tan real, que me desperté inmediatamente, pensando que era mi mascota actual, pero estaba dormido, fue *Danko*, lo sentí así en ese instante.

La realidad fue muy distinta, sabía que el tiempo se había agotado. La enfermedad había hecho su cruel trabajo, y aunque mi corazón se desgarraba, comprendía que era el momento de liberarlo. Con manos temblorosas, acaricié su suave pelaje, sintiendo cómo su cuerpo, una vez lleno de energía, se había vuelto frágil.

Me incliné hacia él, y con un beso suave en su cabeza, susurré palabras que brotaron de lo más profundo de mi ser: «Adiós, *Danko*. Vete hacia la luz y sé feliz en tu nueva vida». Las lágrimas comenzaron a deslizarse por mis mejillas, pero en ese instante, una paz inusitada me envolvió.

Danko, con su mirada fija en mí, pareció entender. En sus ojos vi un destello de gratitud, como si supiera que lo estaba liberando de su sufrimiento. «Hasta siempre», murmuré, sintiendo que cada palabra era un eco de amor eterno. «Te quiero».

MARÍA

Mi amiga María vino a visitarme. La casa, con su amplio comedor, se sentía acogedora. El sofá, de un suave color crema, y el sillón, que parecía invitar a la conversación, estaban dispuestos de tal manera que creaban un ambiente perfecto para una charla entre amigas.

María se sentó en el sillón, luciendo un hermoso vestido sin mangas de color beis, adornado con cerezas que resaltaban su belleza. Se veía radiante, y no pude evitar sonreír al verla. Aunque no podía verme, sabía que estaba allí, disfrutando del momento, rodeada de tres niños: una niña y dos niños, que estaban absortos en la película que se proyectaba en la pantalla.

Mientras la historia avanzaba, María me miró con esa chispa en los ojos que siempre me decía que tenía algo importante que compartir. Sin embargo, los niños estaban demasiado entretenidos para notar la conexión que se estaba formando entre nosotras. Así que, con un gesto amable, les sugerí que fueran a ver la película en la habitación contigua. Aceptaron sin protestar, dejando el espacio libre para que María y yo pudiéramos hablar. Fui a la cocina y le mostré unos frascos de legumbres que había comprado.

Una vez solas, nos acercamos un poco más, como si el mundo exterior se desvaneciera y solo existiéramos nosotras dos. La cercanía hizo que nuestras voces se suavizaran, y en un instante, nos abrazamos. Fue un abrazo cálido, lleno de complicidad y cariño, un recordatorio de que, a pesar de la distancia y el tiempo, siempre encontraríamos la manera de reconectar. En ese momento, supe que la tarde prometía ser especial.

LA EVACUACIÓN

Mi amiga Clara se ofreció a llevarme al coche que había dejado estacionado en la gasolinera. Mientras esperaba, sentía una mezcla de emoción y nerviosismo. Ella desapareció.

Confundida, miré a mi alrededor y, de repente, me encontré dentro de un coche que no reconocía. No podía ver el rostro del hombre que estaba a mi lado; solo podía sentir su presencia.

El hombre salió del auto, seguíamos parados en la gasolinera. A través del cristal empañado, vi un coche que se alejaba rápidamente. El hombre, con una voz grave y urgente, le dijo: «Te aviso para ayudarte». Su tono era serio, y en ese momento, el otro auto arrancó y se fue rápidamente, como si estuviese huyendo. El hombre que estaba fuera del coche me dijo asustado: «¡Corre, sal y apunta! ¡Rápido!».

En un instante, su mano se movió hacia mí, y me pasó un papel arrugado. «Apunta este número», dijo, y aunque mi corazón latía con fuerza, vi el número con total claridad: 498763. Era como si ese número estuviera grabado en mi mente.

Y justo cuando iba a preguntar qué significaba todo esto, todo se desvaneció. ¿Qué había sido todo eso? ¿Un sueño? ¿Una advertencia? La inquietud me acompañó mientras intentaba descifrar el misterio del número que aún danzaba en mi mente.

SERGIA

Sergia, otra amiga y yo nos dirigimos al lugar de la celebración. La fiesta de despedida de la amiga de Sergia, que pronto se casaría, prometía ser un evento memorable. La emoción flotaba en el aire, y el murmullo de risas y conversaciones se mezclaba con la música que salía de un altavoz cercano.

Sergia y su amiga, inseparables como dos cómplices en una travesura, se lanzaban bromas y comentarios ingeniosos a cada momento. Su química era palpable, y aunque a veces sus chistes se desbordaban un poco, yo no podía evitar sonreír. Había algo contagioso en su alegría, una chispa que iluminaba la noche.

Mientras ellas intercambiaban bromas, yo me encontraba en un rincón, observando con una mezcla de diversión y asombro. Participaba de vez en cuando, dejando escapar alguna risa, pero prefería ser la espectadora de su espectáculo. Era como ver una comedia en vivo, donde cada gesto y cada palabra estaban cargados de una energía vibrante.

A medida que la noche avanzaba, las risas se volvían más estruendosas y las historias más exageradas. Sergia y su amiga, en su afán de hacer reír, se lanzaban a una competencia de ocurrencias que desafiaba los límites del sentido común. Yo, aunque a veces pensaba que se estaban sobrepasando, no podía evitar unirme a sus carcajadas. Era un momento de pura diversión, donde la amistad brillaba con fuerza.

Así, entre risas y anécdotas, la fiesta se convirtió en un recuerdo imborrable. La despedida de la amiga de Sergia no solo celebraba su próximo paso hacia el matrimonio, sino también la alegría de la amistad, esa que se ríe, se bromea y, sobre todo, se disfruta en cada instante.

CLAUDIA

Allí, en medio de la nada, se encontraba Claudia, rodeada de un grupo de personas que parecían ajenas a la tensión que se cernía en el aire. Su risa, que solía ser un bálsamo, se había transformado en un grito desgarrador.

Un chico alto, de músculos marcados y una mirada oscura, se acercó a ella con una intención que helaba la sangre. Sin previo aviso, la empujó contra el capó de un coche, el metal frío contrastando con la calidez de su piel. Claudia, con los ojos llenos de miedo, gritaba: «¡Déjame en paz! ¡Te he dicho que me dejes!». Su voz resonaba en el silencio, pero el eco de su angustia parecía perderse en la inmensidad del lugar.

Desde la distancia, observaba la escena, impotente y llena de una rabia que ardía en mi interior. No podía quedarme de brazos cruzados. Con cada fibra de mi ser, envié energía hacia ella, una corriente de luz y protección que deseaba envolverla y ahuyentar al agresor. En mi mente, forjé una espada de fuego, un símbolo de mi determinación y mi deseo de luchar por su seguridad.

El calor de la espada brillaba intensamente, y en ese instante, sentí que la energía que había enviado comenzaba a tomar forma, como si el universo respondiera a mi llamada. Pero justo cuando la luz estaba a punto de manifestarse, un sobresalto me sacudió. Abrí los ojos, despertando de aquel sueño aterrador, el corazón latiendo con fuerza en mi pecho.

La realidad me envolvió, pero la imagen de Claudia y su lucha permaneció grabada en mi mente. Sabía que, aunque solo había sido un sueño, la conexión que sentía por ella era real, y mi deseo de protegerla, inquebrantable.

El *MERCEDES* VERDE

Caminaba por la acera, absorto en mis pensamientos, cuando de repente, un destello de metal verde claro llamó mi atención. Un *Mercedes*, reluciente y veloz, surcaba la calle con dos jóvenes al volante, sus rostros tensos y decididos. En un instante, comprendí que algo no estaba bien. La adrenalina se disparó en mi interior al recordar las noticias de un robo reciente.

Sin pensarlo, me acerqué a un policía que patrullaba la zona. Su uniforme azul contrastaba con la calidez del atardecer. «¡Oficial!», exclamé, tratando de mantener la calma. «He visto un *Mercedes* verde claro, dos hombres dentro, y creo que acaban de cometer un delito». El policía me miró con atención, su expresión cambiando de la rutina a la alerta. «Justo se acaba de reportar un robo», me dijo, su voz firme y decidida. «Sube, vamos a ver si podemos encontrarlos».

El corazón me latía con fuerza mientras me acomodaba en el asiento del coche patrulla. La sirena sonó, rompiendo el silencio de la tarde, y nos dirigimos a una zona donde el oficial sospechaba que podrían esconderse. La emoción y el miedo se entrelazaban en mi pecho, cada segundo se sentía como una eternidad.

Mientras avanzábamos, mis ojos escaneaban cada rincón, cada callejón. De repente, un destello familiar cruzó por nuestro lado. «¡Ese coche! ¡Ese coche es!», grité, señalando con el dedo tembloroso. El *Mercedes* verde claro pasó velozmente, como un fantasma que se desvanecía en la distancia. El oficial giró la cabeza, su mirada fija en el vehículo que se alejaba.

Y en ese instante, la realidad se desvaneció. Todo se volvió borroso, y un profundo silencio me envolvió. Desperté, con el corazón aún acelerado, preguntándome si lo que había vivido era solo un sueño o si realmente había sido parte de una cacería que apenas comenzaba.

EL DESPERTADOR

Estaba profundamente dormida, sumida en un sueño que parecía eterno, cuando de repente el estridente sonido del despertador rompió la calma de la mañana. Abrí los ojos, aturdida, y en un instante, la voz de un extraño resonó en mi mente: «Te queda un minuto y medio de vida». La realidad se desvaneció, y el tiempo se detuvo en un suspiro.

El corazón me latía con fuerza, como si quisiera escapar de mi pecho. En ese breve lapso, la vida se desplegó ante mí como un caleidoscopio de recuerdos. Imágenes de risas compartidas, abrazos cálidos y momentos de pura felicidad danzaban en mi mente. ¿Qué haría en esos escasos noventa segundos?

Primero, cerré los ojos y respiré hondo, dejando que la calma me envolviera. En ese instante, decidí que no podía dejar que el miedo me dominara. En lugar de eso, pensé en las personas que amaba. Con un esfuerzo, me levanté de la cama y busqué mi teléfono. Con manos temblorosas, envié un mensaje a mi familia, a mis amigos, a aquellos que habían llenado mi vida de luz. «Os amo», escribí, «siempre os llevaré en mi corazón».

Finalmente, me senté en el suelo, cerré los ojos nuevamente y recordé las risas, las aventuras, los sueños.

En esos últimos instantes, no había lugar para el arrepentimiento, solo gratitud. Agradecí por cada experiencia, por cada persona que había cruzado mi camino. Y así, con una sonrisa en los labios, dejé que el tiempo se desvaneciera, sintiendo que, aunque breve, mi vida había sido un hermoso regalo.

LA BÁSCULA DEL TIEMPO

Ante mí, una báscula antigua, de esas que parecen haber sido olvidadas por el tiempo, brillaba con una luz tenue y misteriosa. Su superficie pulida reflejaba mi inquietud mientras me acercaba, como si me invitara a descubrir un secreto oculto.

Primero, vi a mi cuñada, se subió a la báscula. La aguja se detuvo, y la voz me dijo que primero moriría ella, revelando un número que me heló la sangre. En mi interior, una sombra de tristeza se cernió, pues nunca se me ocurrió conscientemente pensar en la muerte, ni mía ni de nadie.

Luego, fue el turno de mi amiga, aquella que siempre había estado a mi lado, compartiendo risas y lágrimas. La vi avanzar con confianza, pero al igual que antes, la aguja se movió y se detuvo, revelando un destino que no podía ignorar. La voz resonó de nuevo, y mi corazón se encogió al escuchar la predicción: «Primero morirá tu cuñada, y luego tu amiga».

Desperté de aquel sueño con el eco de esas palabras aún resonando en mi mente. La realidad me golpeó con su crudeza, y comprendí que, aunque el tiempo es un ladrón silencioso, cada momento compartido es un regalo que debemos atesorar. En la penumbra de la noche, la báscula había revelado más que un simple número; había dejado una huella en mi alma.

EL APARTAMENTO

El sol brillaba con fuerza sobre la costa, y el sonido de las olas rompiendo contra las rocas se mezclaba con las risas de los niños que jugaban en la playa. Era el verano, esa época del año que mi madre y yo esperábamos con ansias. Cada año, nos dirigíamos al mismo apartamento, un encantador edificio de tres pisos que se alzaba orgulloso frente al mar. Normalmente, alquilábamos el último piso, donde las vistas eran simplemente espectaculares.

Al principio, todo era un ritual: llegábamos, deshacíamos las maletas y disfrutábamos de los días soleados, de las noches estrelladas y de la tranquilidad que solo el mar podía ofrecer. Pero con el paso del tiempo, algo peculiar comenzó a suceder. Al finalizar nuestro alquiler, en lugar de marcharnos, decidimos quedarnos. Tres, a veces cuatro meses más. Nadie parecía notar nuestra presencia. Nadie venía a pedirnos las llaves, ni a reclamar la fianza. Era como si el apartamento nos hubiera adoptado, como si el tiempo se hubiera detenido para nosotros.

Así pasaron los años, entre risas y secretos compartidos, entre la brisa marina y las tardes de lectura en el balcón. La vida se deslizaba suavemente, y nos sentíamos como en un sueño, en un rincón del mundo donde las reglas parecían no aplicarse. Sin embargo, un día, mientras contemplábamos el horizonte, una sensación de inquietud me invadió. Miré a mi madre, que sonreía absorta, y le dije: «Mira, creo que hemos estado aquí demasiado tiempo. Nadie se entera, pero... debemos irnos. Es lo correcto».

Ella me miró, y en sus ojos vi una mezcla de nostalgia y comprensión. Sabía que tenía razón. Habíamos disfrutado de nuestra pequeña burbuja de libertad, pero era hora de regresar a la realidad. Así que, con un suspiro, comenzamos a empacar nuestras cosas, dejando atrás no solo un apartamento, sino también un capítulo de nuestras vidas que siempre llevaríamos en el corazón. Con cada paso que dábamos hacia la puerta, sentía que dejábamos atrás un pedazo de verano, pero también una lección sobre el valor de lo efímero y la importancia de seguir adelante.

EL HECHICERO

El aire vibraba con una energía palpable, como si el mismo lugar estuviera vivo. Nos encontrábamos en un vasto espacio que evocaba la grandeza de un estadio de fútbol, pero con la esencia de una antigua plaza de toros. La arena batida bajo nuestros pies parecía susurrar secretos de tiempos pasados, mientras un brujo de renombre mundial se erguía en el centro, su figura imponente rodeada de un halo de misterio. Era un maestro de lo extraordinario, un conjurador de realidades ocultas.

Delante de mí, una joven con ojos brillantes y llenos de curiosidad se preparaba para su turno. Su deseo era claro: desentrañar los misterios de sus vidas anteriores, explorar las experiencias que la mente humana apenas puede concebir. La anticipación en el aire era casi eléctrica, y yo sabía que pronto sería mi turno.

Cuando el brujo finalmente dirigió su mirada hacia mí, su escrutinio fue profundo, como si pudiera ver más allá de mi piel, hasta el alma misma. «No», dijo con firmeza, «a ti no, a ti no, a ti no». Las palabras resonaron en mi pecho, un eco de desilusión. Pero no estaba dispuesta a rendirme. Con voz temblorosa, le rogué que reconsiderara, que también deseaba conocer mis orígenes, entender el laberinto de esta vida.

Fue entonces cuando un hombre más joven se acercó a mí. Su presencia era tranquilizadora, como un protector que me guiaba en este viaje hacia lo desconocido. Me explicó cada paso, cada gesto, mientras mi madre nos observaba desde la distancia. Su silencio era elocuente; sabía que me lanzaba a lo desconocido, y aunque lo consideraba atrevido, había en su mirada un destello de orgullo.

El brujo comenzó a murmurar palabras en un idioma que me resultaba ajeno, un canto que parecía elevarse hacia el cielo. Miraba hacia arriba, como si invocara a las estrellas. Al fondo del tendido aparecieron dos puertas de gran altura que se abrieron solas, el hechicero las observó en silencio y sin aparecer nadie se cerraron desprendiendo un halo de vapor blanquecino. Eso le hizo cambiar de idea a regañadientes.

De repente, entre la arena y el vasto azul del cielo, comenzaron a surgir cúpulas azules sobre casas blancas unidas en una armonía perfecta. Era un paisaje de paz indescriptible, un cielo despejado salpicado de nubes suaves que parecían flotar en un sueño.

La multitud, hipnotizada, se levantó en un murmullo entre asombro e incredulidad pero de indudable belleza e innegable visión. Yo no tenía palabras, me quedé hipnotizada de poder ser testigo de esa imagen que apareció de pronto, era como si los orígenes de mi espíritu, no solo fuesen muy antiguos, sino que descendía de aquella civilización, de aquel mágico lugar.

EL MAR

Yo nadaba junto a mi madre, riendo y disfrutando de la calidez del día. Era un momento perfecto, un instante de pura felicidad en el que el mundo exterior se desvanecía, y solo existíamos nosotras, flotando en un mar de risas y amor.

De repente, como si el destino hubiera decidido jugar una broma cruel, sentí que su presencia se desvanecía. Miré a mi alrededor, y el agua, que antes era un refugio, se convirtió en un vasto océano de incertidumbre. Mi madre había desaparecido. El pánico se apoderó de mí, y sin pensarlo, me sumergí en las profundidades, el agua fría y de un color oscuro envolvía mi cuerpo como un abrazo helado.

Buceé con todas mis fuerzas, mis brazos moviéndose frenéticamente mientras buscaba su figura entre las sombras del mar. «¡Mamá!», gritaba en mi mente, cada burbuja que escapaba de mis labios era un eco de mi desesperación. Pero el agua era un laberinto, no se veía nada y cada vez que creía vislumbrar su silueta, se desvanecía como un espejismo.

El tiempo se estiraba, y la presión en mi pecho se hacía insoportable. Mis pulmones ardían, y la necesidad de aire se convertía en un grito sordo. Finalmente, cuando ya no podía soportarlo más, emergí a la superficie, el aire fresco golpeando mi rostro como un alivio. Miré a mi alrededor, el mar se extendía ante mí, y en la distancia, vi un grupo de personas. Sus rostros eran una mezcla de curiosidad y preocupación, nos observaban calladamente y entre ellos, allí estaba ella: mi madre. Tuve la sensación de que se habían ido al otro lado, frente al resto.

Su figura resplandecía, como un faro en la tormenta, y mi corazón se llenó de una mezcla de alivio y alegría. Ella sonreía, y aunque la distancia nos separaba, su mirada me decía que todo estaba bien. En ese instante, comprendí que, aunque a veces el miedo puede ser abrumador, el amor siempre encuentra la manera de guiarnos de regreso a casa.

LA TIENDA

Estaba allí, rodeada de cajas de colores brillantes, desempaquetando sorpresas que harían brillar los ojos de quienes las recibieran. Los clientes entraban y salían, algunos se detenían a observar con curiosidad, mientras otros se acercaban para ver los regalos abiertos, buscando ese detalle especial que llevarse a casa.

Entre la multitud, un hombre de avanzada edad se destacó. Su cabello canoso y su andar pausado le daban un aire de sabiduría. Me miraba con una sonrisa cálida, como si cada paquete que abría le recordara momentos de su propia vida. A su lado, mi madre organizaba algunos artículos, compartiendo risas y anécdotas con los clientes. La atmósfera era alegre, y el tiempo parecía detenerse en ese rincón del mundo.

De repente, el hombre mayor se despidió y salió de la tienda, dejando tras de sí un rastro de nostalgia. Pero no pasó mucho tiempo antes de que la puerta se abriera de nuevo, y un nuevo visitante entrara. Era un hombre más joven, con una energía vibrante que iluminaba el espacio. Su sonrisa era deslumbrante, con dientes blanquísimos que parecían brillar bajo la luz del día. Se acercó a mí, y mientras hablábamos, su risa resonaba como una melodía alegre.

«¿Te gusta lo que haces aquí?», preguntó, sus ojos chispeando con curiosidad. Cada palabra que intercambiábamos se sentía como un pequeño regalo, y su sonrisa era contagiosa. En ese instante, rodeada de paquetes y sueños por cumplir, sentí que la vida estaba llena de sorpresas, y que cada encuentro, por breve que fuera, podía dejar una huella en el corazón.

AGRADECIMIENTOS

Quiero expresar mi más sincero agradecimiento a Mayka Menacho por darme el último impulso para realizar ésta nueva aventura, también a todas las personas que han hecho posible la creación de esta novela. A mis amigos y familiares, gracias por ser mis primeros lectores. Sus comentarios y entusiasmo me han inspirado a seguir explorando los misterios de los sueños y lo paranormal.

A Yulia Nefedova y a todos los soñadores y buscadores de lo desconocido, gracias por inspirarme a explorar los límites de la realidad. Espero que esta novela resuene con ustedes y les invite a reflexionar sobre sus propias experiencias y sueños.

El alma es considerada por muchos como la esencia de nuestra humanidad, lo que nos conecta con nuestras emociones más profundas y nos da un sentido de propósito. Nos aporta la capacidad de amar, de sentir empatía y de experimentar la belleza del mundo que nos rodea. A través del alma, encontramos nuestra identidad y nuestra voz, lo que nos permite expresarnos auténticamente y buscar significado en nuestras experiencias. Además, el alma nos invita a reflexionar sobre nuestra existencia, a cuestionar y a crecer, enriqueciendo así nuestra vida y nuestras relaciones con los demás. En definitiva, el alma es un faro que ilumina nuestro camino, guiándonos hacia una vida más plena y significativa.

Gracias, querido lector, por estar aquí en este instante.

El Viaje de los Sueños

Los sueños son el lenguaje del alma, un susurro de lo que anhelamos y tememos, un reflejo de nuestras esperanzas y anhelos más profundos. Desde tiempos inmemoriales, han fascinado a la humanidad, inspirando mitos, leyendas y obras de arte. En la quietud de la noche, cuando el mundo se sumerge en el silencio, nuestros pensamientos se liberan y nos transportan a paisajes inexplorados, donde la lógica se disuelve y la imaginación florece.

Cada sueño es un viaje único, una ventana a nuestro subconsciente que nos invita a explorar lo desconocido. A veces, son dulces y reconfortantes, llenos de luz y posibilidades; otras, pueden ser oscuros, siniestros y confusos, desafiándonos a enfrentar nuestros miedos. Sin embargo, en cada uno de ellos hay una lección, un mensaje oculto que espera ser descifrado.

En este libro, nos embarcaremos en un recorrido a través de los sueños, desentrañando sus significados y descubriendo cómo pueden guiarnos en nuestra vida diaria. Acompáñame en esta aventura, donde cada página es una invitación a soñar, a reflexionar y a despertar la magia que reside en nuestro interior. Porque, al final del día, los sueños no solo son un refugio nocturno, sino también una brújula que nos orienta en el vasto océano de la existencia. ¡Bienvenidos a este fascinante mundo de sueños!

Índice

Esta edición de *Los sueños, ¿sueños son?*
Mensajes del alma y experiencias del más allá,
de Ana María Sanz Raga,
se terminó de editar en Madrid,
en el mes de febrero de 2025